那些让文案绝望的文案

THE BOOK IS ADVERTISING

小马宋◎著

图书在版编目（CIP）数据

那些让文案绝望的文案 / 小马宋著. — 北京 : 北京联合出版公司，2015.10

ISBN 978-7-5502-6084-9

Ⅰ. ①那… Ⅱ. ①小… Ⅲ. ①广告—写作—案例 Ⅳ. ①F713.8

中国版本图书馆CIP数据核字（2015）第200552号

那些让文案绝望的文案

作　　者：小马宋
选题策划：北京慢半拍文化有限公司
责任编辑：牛炜征
封面设计：回归线视觉传达
版式设计：颜森设计

北京联合出版公司出版
（北京市西城区德外大街83号楼9层　100088）
北京鹏润伟业印刷有限公司印刷　新华书店经销
字数223千字　700毫米×1000毫米　1/16　14.5印张
2015年10月第1版　2015年12月第2次印刷
ISBN 978-7-5502-6084-9
定价：45.00元

自序

甲壳虫那则“Think small”的广告太著名了，以至于很多人都以为当年的DDB只创作了这一张广告，就让甲壳虫把美国市场搞定了。

其实不然。

甲壳虫这一系列广告做了很多年，有很多张。

台湾曾经出版过这一系列广告的中文翻译版本，但那是在一个日本人翻译的基础上做的中文翻译，所以，有点不通顺，而且那本书年代也很久远了。

终于有一天，我文案培训课上的几位学员和我决定把这一套广告翻译出来，然后我们就这么做了。

有一点需要说明的是，当时它并不叫甲壳虫，虽然它长得更像现在的Beetle，所以我们依然把它翻译成VW。

为了让这本书看起来更厚、更有价值一点，我将自己在公众账号写的《一个广告文案的自白》系列、《文案扯淡录》系列等文章整理后放进本书中，其中有的关于文案，有的关于营销和市场，并不是一套成熟的体系，只是个人对营销和广告以及文案方面的一些思考而已。

小马宋 2014 年春

作者简介

小马宋

本书发起人及主要作者

前奥美助理创意总监，前蓝色光标策略总监

第九课堂联合创始人

2007 年戛纳广告节铜狮奖获得者

文案类公众账号“中国文联”创办者

现任暴风魔镜创意合伙人

冯旖

就职于“山峡飞行俱乐部”，本书主要翻译、校对

目录

《一个广告文案的自白》系列

小马宋文案扯淡录

从甲壳虫说开去……

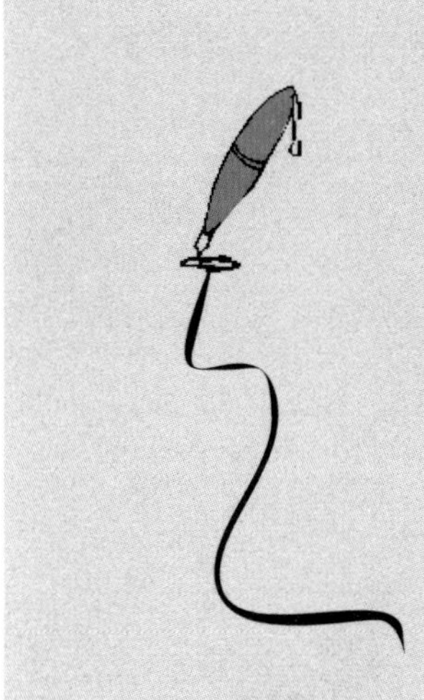

《一个广告文案的自白》系列

我从 2004 年进入广告行业，到今天为止，虽然也在戛纳获过奖，但是被人记住“小马宋”这个名字，却往往因为《一个广告文案的自白》这一系列作品。

说是自白，其实是为了推广我的文案训练营，你可以认为这是文案训练营的系列广告。当时在做这个训练营的时候就想，如果你自己的广告写得都不够精彩，怎么能吸引别人来上你的文案培训班呢？我向别人证明我们文案能力的方法，就是写出一系列精彩的文案。

后来我问我的学员，你们希望上完课后达到什么效果？有许多学员会说，我希望写出像《一个广告文案的自白》那样的文案来。所以今天我不仅把所有的自白系列放出来，也会回顾我当时是怎么写出这些文案来的。

如果你想做个文案……

关于文案，说来话长。
毕竟，谁都能写几句。

AE 说：就几行字，马上写给我吧。
甲方说：做图我不会，文案我自己改了。
设计说：图就这样了，你文案好好写吧。

比如……

文案说　我……试试吧

如果你的客户是快消品

或许，是个网站？

汽车？

如果罗永浩可爱多找你？

银行呢?

可以显得有点内涵

可以鼓动一下

或者，随便扯点儿啥

OK 打住！
否则就会像编年史一样长
……

马后炮：

其实当时第一篇并没有想到要写一个系列，所以严格来说，这不算是自白系列的第一篇，但这却是文案培训班的第一个广告，而且以后的自白系列都是按照这个模式来写的，所以我就把它权当第一篇了。

我当时的疑惑在于，真正有效的广告文案其实也许并不会显得那么精彩，比如脑白金的广告语就是一个策略和定位都很好的文案，可是文案们却都反感它，我不能用这样的内容来吸引别人。能够让人觉得精彩的文案，往往是在炫耀技巧，并且本身文字的产生有难度。

这一篇的模式也并不是我的原创，因为那时我恰好在果壳网看到有个人只用一个圆帮某几个品牌做了一系列广告，正是受到这个启发，我也决定只用一个圆写一系列。当然品牌跟原来的帖子完全不一样，文字也都是我原创的。后来有人说我抄袭，这个我也不必辩解，这一篇的灵感确实来自那个帖子，但文字内容是完全原创的。

这一篇的影响力超出我的想象，不仅我们自己的微博被转发了几千次，而且被山寨了很多个版本。其中李开复和罗永浩又转发过其中一条掐头去尾的微博，硬生生把我们的广告信息给截掉了，但是那条微博转发超过了两万次。

为什么我会想到写 AE、美术以及客户对文案的看法？这是我的切身感受。记得我在第一家广告公司工作的时候，有个设计师就跟我说了一句很经典的话：美术做不来的，让文案找齐。然后当我服务海尔的时候，经常被叫去跟海尔的副总裁讨论一句文案，最后往往是副总裁左右了文案的格调，甚至是他自己来写。实际情况就是那样，因为文案不像美术，看起来每个人都能来几句的。但是，我想写几篇不是一般人能随便就写出来的，也出一口多年被轻视的恶气。

虽然看起来很神奇，但这只是一种技巧而已，一个圆圈关键看你怎么解读。比如第九课堂是一个跟学习和教育相关的网站，这个圆圈就要跟学习扯上关系。所以我觉得“不怕从零开始，只怕从不开始”这样的话是随口就来的。而问题的关键是，圆圈不代表任何含义，圆圈虽然简单，但简单有简单的好处，就是你可以随意解读它。如果你具体到了一个图，反倒是很难随意发挥了。那么，你看去哪儿网的那一篇，因为跟旅游有关系，所以你就想：旅游跟一个圆圈有啥关联的啊？地球是圆的嘛。猎聘网，它跟工作有关系，那就跟工资扯上呗，所以才有让你的工资加个零，其实这种文案很好写啦！

“高端大气”与猪饲料

我曾经是个文案，有一阵子我的客户都被一个概念传染了。

那个概念叫“高端大气”。

回头看，那是一个连猪饲料都追求高端大气的时代。

更可悲的是，我服务的客户就是猪饲料：壮士牌猪饲料。

❶

有一天，客户说要在文案里体现人文情怀

壮士牌猪饲料

它们终将为人类粉身碎骨
所以对他们要好一点

❷

或者，要有点思想内涵的

壮士牌猪饲料

世界上有两个地方,体重就是地位
一个在相扑场上,一个在猪圈里

❸

能不能来点贵族气息?

即使王者出巡
也无法让500位体重200公斤的壮士相随

❹

给我们点独特的观点吧！

❺

听起来很大气，但不知所云的

❻

可不可以体现我们的高贵品质

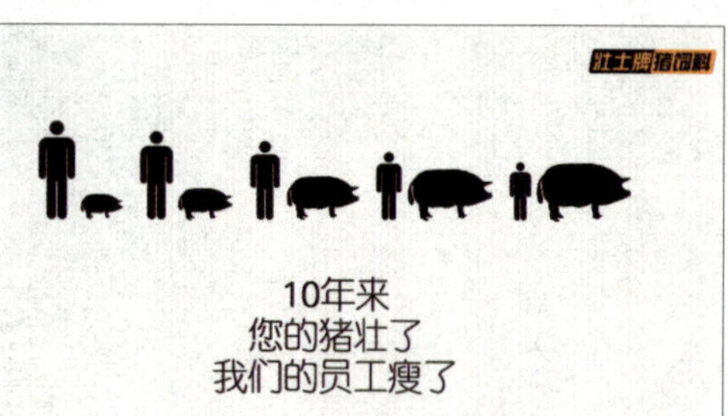

❼

给力一点

❽

写出点戏剧性好吗?

❾

有点哲学味道的

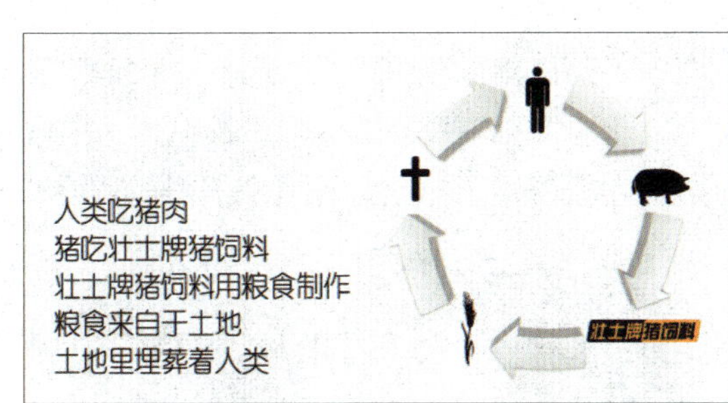

你知道，每一个广告文案都是在用“绳命”写作

现在，我已不在广告圈，广告圈里也没有我的传说……

马后炮：

我曾经做过调查，在这个系列中，有一半以上的人最喜欢我写的猪饲料的那些广告，当时我写了一共九篇。很明显的是，真正的猪饲料广告不太可能做成这样。但这也真的不是一篇真正的猪饲料广告，它只是文案培训班的一篇招生广告而已。

有人问我，你是怎么把猪饲料的广告写得那么高端大气的？其实没什么秘密。我的工作决定了我要常看一些文案，而幸运的是，我对看过的东西具有一点过目不忘的本领。这些文字都跟我看过的一些东西有关，可不是凭空捏造出来的。

要写一篇猪饲料的广告，你最好能找一个好的参考。而最好的参考就是它的同类型产品。所以我就找啊找啊（当然是在脑子里，其实只花了 10 分钟左右），终于找到一个参考。那是七八年前的一个广告创意，在戛纳广告节获得了平面创意类金奖，就是下面这个：

它的文案是这样的：Because dogs don' t always have it easy!（因为狗狗们也是蛮拼的！）

这是一个完美的参考，狗狗们工作艰苦，所以要对它们好一点。那猪饲料一样可以这么做喽！

比如“王者出巡”这一篇，我在 2004 年在某财经报社做栏目主编的时候，就看到过一张宾利跑车的广告，我清楚地记得，标题是：皇者出巡，也未必有800匹骏马相随（因为这辆车的发动机是800马力的）。你可以说我是抄袭的（但你首先要看过并记住这些文案），其实一些神秘的东西你一旦说破，就毫无神秘可言了。

“哲学”那一篇的文案线索，年代远至20年前，在1995年拍摄的励志复仇动画电影《狮子王》中，我清楚地记得木法沙和儿子辛巴的一段对话：

木法沙：辛巴，你看，阳光所照到的一切都是我们的国度。

辛巴：哇！

木法沙：一个国王的统治期就如同太阳的起落一样。辛巴，总有一天太阳将会跟我一样慢慢下沉，并且在你成为新王的时候和你一同上升。

辛巴：这一切都是我的吗？

木法沙：所有的一切。

辛巴：阳光能照到的所有的东西！那有阴影的地方呢？

木法沙：那在我们的国度之外，你永远不可去那个地方，辛巴。

辛巴：我以为国王可以随心所欲呢。

木法沙：哦，国王也不能凡事随心所欲。

辛巴：不能吗？

木法沙：辛巴，世界上所有的生命都在微妙的平衡中生存。身为国王，你不但要了解那种平衡，还要尊重所有的生物，包括爬行的蚂蚁和跳跃的羚羊。

辛巴：但是爸爸，我们不是吃羚羊的吗？

木法沙：是啊，辛巴。我来解释一下：我们死后，尸体会变成草，而羚羊是吃草的。所以在这个庞大的生命圈里我们是互相关联的。

这篇广告的文案，正是因为我当时看过《狮子王》并记住了这几句台词。所以，我想说什么？所有的事情都是有因果的，除了少数天才，大部分都是凡人，只是努力程度不同而已。

文案也是个技术活

我叫小马宋，曾经是个文案。

既然我和我的同行霸占了“文案”这样一个称呼。

我们不得不很擅长写作，或者，装作很擅长。

所以，即使客户有超乎寻常的要求，你也要能满足他们。

现实点说，做广告有时候就是卖你的文案。

我不会忘记刚入行时老板讲的一句话：广告人都是出来卖的。

让我们把镜头调回服务“隐居”别墅的时候吧，客户现身了……

客户：文案文案
你可以把广告写成诗吗

客户：文案文案
你可以写我们的超大园林吗

客户：文案文案

我们还是毛坯

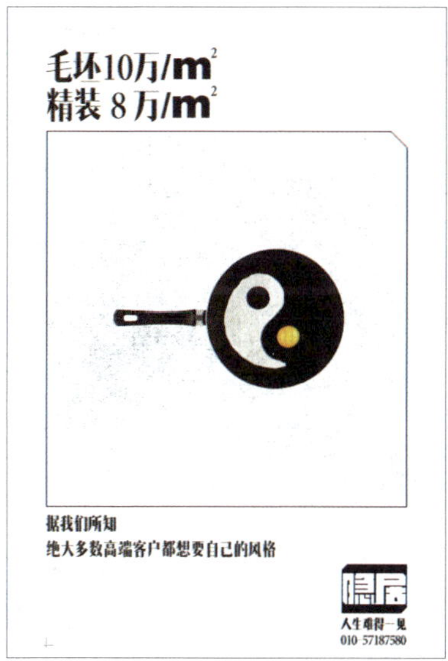

客户：文案文案

说说我们的业主都很高端

客户：文案文案

表达一下业主之间是需要互相认同的

客户：文案文案

可以赞扬一下我们的客户很有内涵吗

客户：文案文案

我们离市中心有点远

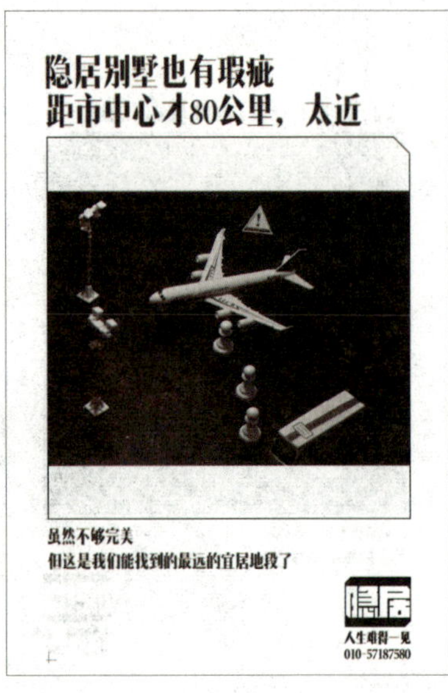

客户：文案文案

写写我们别墅旁别的河吧

客户：文案文案

我们是高科技住宅

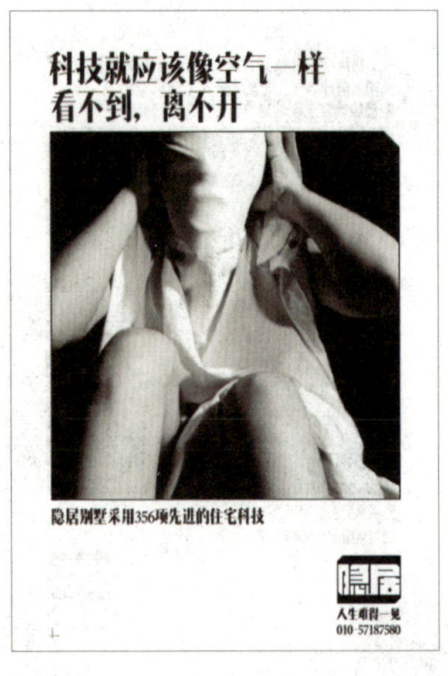

客户：文案文案

我们自然环境保护得很好

我想说的是，文案不仅是出来卖的
文案也是个技术活儿

马后炮：

在广告公司里，你不得不面对甲方这样一个超脱于想象的人群。关于甲方，江湖上传说甚多。比如有人说康师傅是最难搞的甲方，有人说LG的甲方超级难以应对，据说达彼思做别克的团队每年都集体辞职，反正，广告人嘴里的甲方，基本上是一个样儿。

虽然我觉得这有点夸大其词，其实有很多专业、正直、友善的甲方。但是，请记住，这个系列有它的目的性，为了获得转发和认同，你不得不把枪头对准一个公敌，逼得他们出洋相，这才会获得认可。所以在这篇自白中，我决定写一写被甲方蹂躏的经历，而这个经历必须是充满了甲方的各种刁难，而文案以其机智勇敢巧妙取胜了。所以就有了“隐居别墅”这一篇。

为什么会选一个房地产的产品？因为几乎在所有的产品中，地产是最复杂的。卖点很多，每个卖点都要去做一个广告，地产广告也是目前为止最不爱说人话的广告类型（不要一棍子打死）。甲方尤其喜欢那种高端大气的文案，而小马宋，简直是其中高手！

怎么写一个高端大气上档次的标题？简单地说就是：看似轻描淡写，实则无比炫耀。

这个经验来自几年前我看过的一篇论坛帖子，大概是这样一个题目：豁胖指南（豁胖，上海方言，指打肿脸充胖子）。

现在引用其开头的一段：

哭穷豁胖帖是近年来在篱笆网友之间流传甚广的一种发帖形式。其主要特征是一边哭穷一边豁胖，一边豁胖一边哭穷，有时候看上去像在哭穷，有时候看上去又像在豁胖，让你搞不懂楼主她/他到底是在哭穷还是在豁胖，到底是在豁胖还是在哭穷。

比如一个女人要想显示自己家多有钱，肯定不会说我们家存款有多少，那多低端啊！她肯定会找一个场景抱怨：我们家那当家的，别的都还好，就是爱打德州，昨天一晚上就输了五十多万……

说这话的时候一定是面带些许忧郁，其实对输钱表现出没有任何感觉。

好了，不扯了，说回正题。

有些事，正面直说就是炫耀，绕着弯子说就是格调蹿升。

比如说你们家房子有很多大树，别墅占地面积很大，就显得非常低端。可是你要说：第一次出门时，我在第20棵树上做了标记。

比如你想说你们的业主很有钱，他们不在乎钱。该怎么说？我记得保罗·福塞尔写过一本书叫《格调》（我觉得直译应该叫《阶层》），这本书里讲到，美国社会最高的那一个层级，叫作看不见的顶层。说他们的房子门前的路一定不是那种非常坚固耐磨的路，而是非常容易损坏的路，因为他们是从来不会在乎维修费用的。

所以，我才写出了这一篇“毛坯10万，精装8万”的标题。因为他们不在乎钱，知道吗？

人类一直生活在一个圈子里面，不管是地理上的还是社会上的。所以邻居很重要，而“你的邻居，和你要住的房子同样重要”这个标题，改编自美国一位哲学家的话——“与你同行的人，和你要到达的地方同样重要”。

要表达你们的环境很好，比如说空气很好，怎么表达？不要直接说空气很好，这样没有感觉。而要说出细节，讲个故事，这样谁都听懂了。同时，还可以隐隐透露出你们业主的修养，所以，这就是“星空篇”的来历：儿子，天上排成一条直线的三颗星中最大的那颗就是牛郎星，又叫天鹰座α星，它的光辉是太阳的8倍，距离地球16光年，每秒钟接近太阳33公里。这可算是最长的一个标题。

若梦想照进现实……

一趟从东单开往通州的地铁，过四惠东站，一直换乘到土桥，在一号线、八通线两岸，公交五站以内的辽阔小区内，大多数北京广告公司的文案就生活在这里。

文案们怀着顾城、海子的情怀，拿着超市收银员的待遇，被总监和客户蹂躏得外形与爱因斯坦日趋一致，却始终没有放弃在戛纳获奖的光荣梦想。

随着岁月无情地摧残了青春，大多数文案不是梦想碎了一地，就是节操抛到了脑后，从此，菊花残，满地伤，江湖里不再有文案青年……

在我曾经生长的土地上——广告公司，辣手摧文案的典型工作流程是这样的：

某一天，市场部想要一个这样的文案

然后，AE（客户主管）这么理解了客户的需求

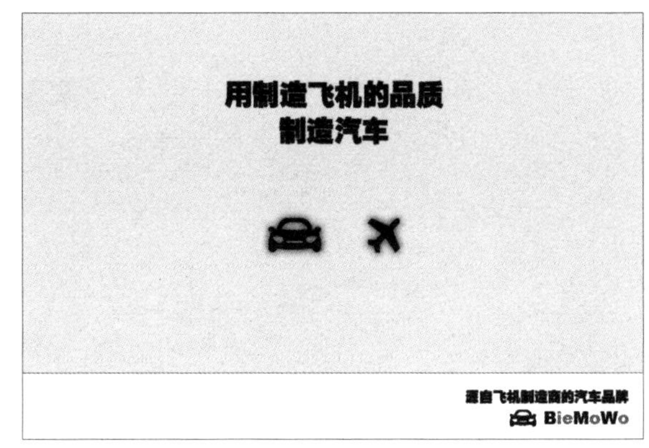

策略部是这么制定策略的

上帝造人　我们造车

源自飞机制造商的汽车品牌
BieMoWo

创意总监在头脑风暴会上出了这样的点子

而文案写的是这样的句子

客户给的修改意见是这样的（或许仅仅是为了表示他的存在）

讽刺的是，有效的文案却总是这样的

后来我才知道，

所有的文案都在困惑中度过了好多年……

马后炮：

既然已经有了地产广告，文案自白系列里怎么能少了汽车呢？作为当今中国最高端大气上档次的代表产品，地产和汽车一直是神一样的存在。

这一个系列依然是摸准了人们对吐槽的钟爱，而对文案工作进行的一次吐槽。虽然真实的故事可能并不会这么具有戏剧性，但实际上广告公司里真的会发生这样的故事，只不过我把这些故事集中到了一起而已。

而关于品牌的选择，当时我们曾经想找个品牌来赞助的，可是后来也没成。所以BMW 就变成了 BieMoWo。而关于标题，其实没有什么逻辑，只是想在几个不同类型的标题里穿插就行了。写这一篇，一旦确定了思路，其实就很简单了。因为多年前我在服务上海通用的时候，专门为萨博新 93 系列写过一些文案，这些文案基本上来自那里。毕竟萨博前身是生产战斗机的，它们的航空基因和宝马类似，slogan（品牌口号）又叫：贴地飞行，人车合一。前身曾是飞机工厂的宝马也很贴合这一系列文案，所以我就偷了个懒，直接借过来用了。

只不过萨博名气没那么大，当时又没有玩儿命砸广告，我写的那些文案也没多少人看过，所以大家会觉得新奇又好玩。

文案是什么?

文案这个职业
靠写作为生
但服务什么客户
全靠运气

如果你有幸服务世界一流品牌
那么恭喜你
不管你写出“活出伟大”
还是“越冬越动”
不管是“中国之悦”还是“生活如此多娇”
你的作品注定会万众瞩目

服务一流品牌的好处就是
就算你写出一堆垃圾
你也很难把这个品牌毁掉

可是如果你不幸服务了一个二流品牌
我只能说
兄弟保重吧

更悲哀的是
这个世界上普通品牌总是比一流品牌多很多
所以这套安踏的广告文案
小马宋同学一直保存在他的硬盘深处
就像保存艺术作品一样
今天分享出来
纯属意外

穿耐克上场，穿安踏训练

我们知道，重大比赛的时候穿耐克会比较有面子。所以我们建议你训练的时候穿安踏试试，你会发现它跟耐克区别很小，而且你不必在打球时却时刻担心那双昂贵的鞋子会被磨坏。安踏签约球星，凯文·加内特个人专属的第四代签名篮球鞋KG4也只要399元，为什么不试试呢，骚年？

耐克的问题在于，你很少用它来打篮球

这个标题看起来很傻，毕竟我是在为安踏写广告呢。是啊，安踏现在是销售额第一的国产运动鞋品牌，但它有个问题——它不是国际品牌。

很多人买耐克的篮球鞋，其实很少用它来打篮球。毕竟1000多块不是小数，用来打篮球简直就是暴殄天物。所以你应该选择安踏，它鞋型够潮，够结实，也够便宜，一双凯文·加内特个人专属的第四代签名篮球鞋KG4也只要399元，我想，你是可以穿它来打篮球的。

耐克是一双伟大的鞋，只是假货太多

其实我服务的客户叫安踏，销售量第一的国产运动鞋品牌。

我受雇为他们写广告，可是我面临的问题是：大家都觉得耐克是最好的运动鞋品牌。当然，它也很贵。所以很多人选择购买仿冒的耐克球鞋。所以当你花1000块买了一双耐克专业篮球鞋，却总有人怀疑你穿了双A货。

我觉得你应该考虑安踏，一双凯文·加内特个人专属的第四代签名篮球鞋KG4也只要399元，而且不会有人怀疑你穿的是假货。

篮球鞋就是应该用来打篮球

我经常听到这样的故事，有人买了一双耐克的专业级篮球鞋，1200块。然后却从不穿它上场打篮球，而只是逛街或者见女生的时候才穿。但如果你买一双安踏的篮球鞋，你就不会干这种傻事。因为一双凯文·加内特个人专属的第四代签名篮球鞋KG4也只要399元，而且跑起来跟耐克的一样好。最重要的是，你会穿上它来打篮球，那会让你在场上更厉害。

难道买篮球鞋不是应该用来打篮球的吗？

买双假耐克，不如穿双真安踏

到淘宝上花280块买一双假耐克，然后穿出去，却被同学无情地揭穿了老底。我猜你十有八九干过这样的傻事。

为什么不买安踏呢？它是中国销售量第一的运动鞋品牌，和耐克一样好，一样结实，更重要的是，你完全可以用假耐克的价钱买到真的专业级的运动鞋。一双凯文·加内特个人专属的第四代签名篮球鞋KG4也只要399元，怎么样，考虑一下吧。

马后炮：

在我写安踏这一系列之前，自白系列一直是受人民群众喜爱的，毕竟吐槽和调侃都是大家喜欢的。可是真正落到一个品牌，当你真实地想去给它写一个广告的时候，一定会有不同的意见。

所以在写完这篇安踏系列之后，在顶尖文案上遭到了激烈的吐槽，热心的网友花费了不少时间和经历来证明我这些广告根本是垃圾。可惜我们没法去投放这些广告，来证明谁对谁错。

这里不去争论对错，还是说说我写这个系列时候的思路。

真实的情况就像我在开头的那几句话一样，能服务国际品牌的文案太少，所以真正能够体现你水平的其实是二线品牌的文案。毕竟像耐克那样的牌子，你做成什么样人家都会觉得你厉害。

所以我选择安踏，来试试自己的功力。

当然那个时候我正好看到了安踏推出了凯文·加内特第四代签名球鞋，售价只有399元。与这个之前明星专款动辄上千的售价相比，价格实在是过于亲民。所以这款鞋真的是为了卖量而做的，我就想，能不能帮它写篇文案呢？

根据我对安踏消费者的了解，其实他们是羡慕耐克的。但耐克实在太贵，所以耐克的球鞋的用处大概是在逛街、全校比赛等重要场合，但喜欢篮球的人不可能只打比赛，平时打球也要穿球鞋啊。但打球太费鞋，不能天天穿耐克，所以安踏就成了备胎。

你可以反驳我，但我的前提是我不可能卖给所有人，至少我在写文案的时候跟一些大学生聊过的，并不是完全意淫。

这一篇是最接近甲壳虫文案的一篇，通篇都是在说道理，阐述理由，而且用上了当年艾维斯经典的傍大款策略。所以你看文案没什么特别，就是把正当的理由说了出来。就像我在讲课中说的，文案是什么？文案就是一个说服消费者的购买理由。

如此而已。

文案是聊出来的

在很多人眼里
文案是个很神秘的工作
有的时候
当客户给我们一个任务
我们不但不知道将来写出的文案质量如何
甚至不能确定是否可以写出来

不过我有个不错的建议
你跟客户聊得越多，越了解产品
你能写出文案的概率就越大

我是怎么写文案的
我根本就没写
我只是把产品特点写了下来而已
有一次
我的任务是写一个关于面膜的宣传小册子
我写不出来了
只好去跟他们老板聊天

问：“你们为什么只在网上卖？”

答：“因为成本！毛利 40% 以下的门店是无法生存的。”

于是我有了第一页文案。

门店销售的每个毛孔
都流着资本主义的血液

毛利40%以下的门店无法生存，
你要相信我，即使销售小姐总是很温柔。

【和士秀，无门店】

问：“为什么有些面膜用了第二天就可以白？你们的却要好多天？”

答：“我送你一些关于化妆品效果的内幕（此处略去 500 字）。”

好了，第二页文案出炉。

能让脸唰的一下子变白的
都不太健康

皮肤的新陈代谢周期为28天。
那些一用就白的产品，它们坏。

【和士秀，无违禁品】

问：“我听说过小黑瓶的成本传闻，真的吗？”
答：“真的。一般化妆品的盒子都要比产品原料贵两倍。我们的正好相反。”
太好了，第三页文案出来了。

真正与众不同的是
我们的产品成本比包装成本高

棕榈酰三肽-5，
三十多万一公斤，真的能抗皱。

【和士秀，含肽】

问：“面膜为什么会有作用？”
答：“因为 EGF。”
问：“EGF 是什么？”
答：“你是男的，不知道 EGF 可以原谅。如果你是女的，25 岁还不知道 EGF 的话，面膜不用也罢。”
“百度知道”查询了一下，然后我写出来第四页文案。

25岁还不知道EGF的人
就不要用面膜了吧
反正用不用都一样

时间喜好摧毁，EGF偏爱修复。

【和士秀，含EGF】

问：“你为什么说和士秀是内行的选择？”

答：“我做了 8 年化妆品，知道什么是好的，什么是炒的，什么是概念，什么是真相。”

OK，最后一篇完成，收工了。

如果你不懂面膜
可以跟着内行一起选择和士秀

我不擅长武术钢琴书法唱歌
但关于护肤，可以找我聊聊

【内行，不解释】

这可能才是文案写作的真相

我们写出来的东西

大部分都是客户告诉我们的

马后炮：

这个系列，越到后面越难写。

毕竟该写的角度，大概都写完了。其实前几篇，都是找个噱头，卖弄自己的经验和文字技巧。这一篇呢，我就想真的告诉大家，文案该怎么写。

我曾经遇到过一个文案，他在北京一家非常知名的地产广告公司做文案，跟我说他遇到了瓶颈。我问他最近在做什么项目，他说在做顺义的一个项目。我就问了他几个问题：你去过顺义吗？你仔细考察过顺义的情况吗？你有没有试着早晨五点从顺义起床去赶地铁，到城里去上班？你有没有周末开车到顺义的农家乐玩一玩？你有没有试着到楼盘周围去购物……

这几件事，他都没有做。那我说，你根本不了解这个项目，也许你只知道它的容积率、建筑风格、样板间风格、绿化之类的开发商告诉你的资料，但你从来没有深入地了解这个项目和它的购买人群。所以，这基本上就是闭门造车。

而我是怎么写文案的？

我真的跟他们聊。跟开发者聊，跟品牌的人聊，跟消费者聊。否则我怎么会知道雀巢跟奶农签约的条款里面有：奶牛吃的草料要切成五厘米大小呢？

而和士秀这个面膜是一样的，这个老板是我的朋友。对于化妆品我是缺乏了解的，但是我跟他很深入地聊了一次，而且，我也从其他品牌，比如美妆品牌玛丽黛佳的品牌总监那里、在淘宝最大的化妆品店小也的创始人那里了解了化妆品的真相。

所以你看，这一篇里的文案都那么大白话。可是总是有人问我：我想做文案，但是文笔不太行，怎么办？我说文案又不是写小说，文笔何用（基本的标点、用词能力还是需要的）？文案要的是说话，有话好好说，你已经赢了一半了！因为毕竟有一半以上的广告不说人话。

说人话，大白话，详细地了解产品，这就是写文案的秘诀。

“大便体”与“牛 × 体”

我叫小马宋
曾经是一个广告文案
属于创意部
广告虽然是个很苦的行业
创意部却是个人人装 × 的部门
如果你不留个长头发、大胡子、对 AE 骂骂咧咧
还会个劈叉啥的
都不好意思说你是广告人
也是
每个给肯德基写过优惠券的文案
都牛 × 哄哄地声称自己为肯德基提供品牌创意服务

真相总是残酷的
不是文案牛 ×
是品牌伟大而已

文案这个行当很流行一种文体
我称为“大便体”
就是那些貌似华丽
实则空洞无物的文字
用我前老板的话说
这是一坨镶着金边儿的大便

下面
我将为大家展示几坨大便和真正牛 × 的文案

产品：美国甜橙

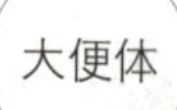

产品：低价商品房

大便体

牛 × 体

产品：很文艺的酒吧

来喝一杯温暖的咖啡

产品：福利彩票

大便体

牛 × 体

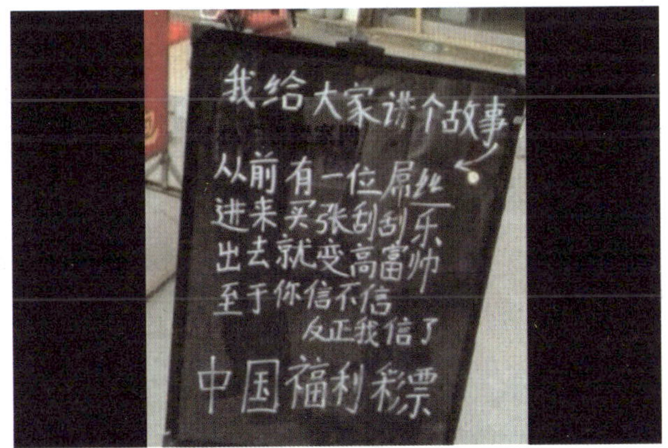

产品：豪华二手车

大便体

牛 × 体

马后炮：

这个大便体和牛 × 体的自白，被以《创业家》官方微博为首的各种大号迅速地抄袭了。当然这篇自白也算不上我自己的作品，毕竟我只是意思一下随便写了几句大便体，而牛 × 体都是网上流传已久的存在。

但这个想法其实由来已久。我见过太多的公司，给自己的品牌写的口号流于形式，空洞无味，不说人话。广告语的关键在于，通俗易懂，易于传播，而不是玩弄文字技巧。2005 年的时候，我在青岛 FCB 工作，听我的老板亲切地称呼那些外表华丽但没有实质内容的广告为“一坨镶着金边的大便”，顿时觉得这个比喻非常形象。

当我决定要写这篇大便体的时候，我是怎么工作的呢？说起来倒是很简单，先把网络上流传的民间牛 × 文案搜罗过来，整理出一个系列，然后再对比这个系列，写出对应的大便体。然后，然后就成功了！我觉得这是我写得最轻松的自白系列。因为工作不在于写，而在于提出一个概念或者观点，然后通过一些实例来证明。

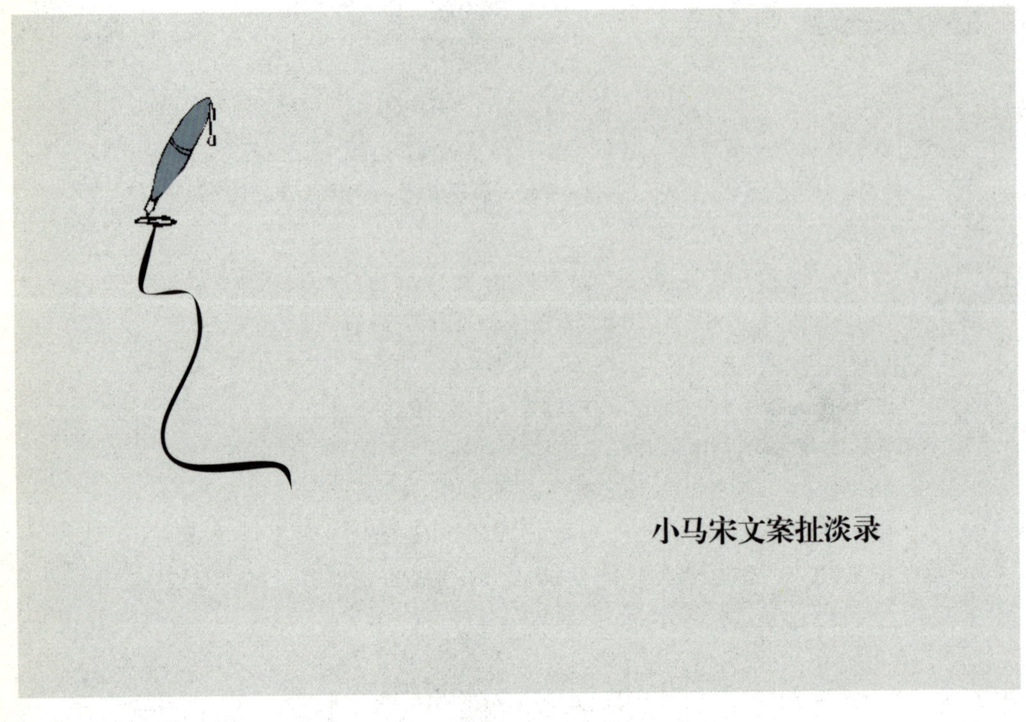

小马宋文案扯淡录

接下来的部分，来自我一年多来在公众账号上的原创文章，当然只是有关文案和广告的部分。

□ 世界上的好文案都是相通的——关于文案的细节性陈述

记得几年前，一位做美术的同事拿着那一篇《三毫米的旅程，一颗好葡萄要走十年》的广告对我说：文案们应该向这个标准看齐。下面就是她推荐给我的那篇广告。

三毫米，
瓶壁外面到里面的距离，
一颗葡萄到一瓶好酒之间的距离。
不是每颗葡萄，
都有资格踏上这三毫米的旅程。
它必是葡园中的贵族；
占据区区几平方公里的沙砾土地；
坡地的方位像为它精心计量过，
刚好能迎上远道而来的季风。
它小时候，没遇到一场霜冻和冷雨；
旺盛的青春期，碰上了十几年最好的太阳；
临近成熟，没有雨水冲淡它酝酿已久的糖分；
甚至山雀也从未打它的主意。
摘了三十五年葡萄的老工人，
耐心地等到糖分和酸度完全平衡的一刻才把它摘下；
酒庄里最德高望重的酿酒师，
每个环节都要亲手控制，小心翼翼。
而现在，一切光环都被隔绝在外。
黑暗、潮湿的地窖里，
葡萄要完成最后三毫米的推进。
天堂并非遥不可及，再走十年而已。

我看了看，说这篇东西写得很好，在国内广告圈里已经算是极品（作者俞静当时供职于奥美），不过多少也参考了他们的全球创意总监尼尔·法兰奇（Neil French）的马爹利那套东西。从另一个角度看的话，也可以说世界上的好文案都是相似的。

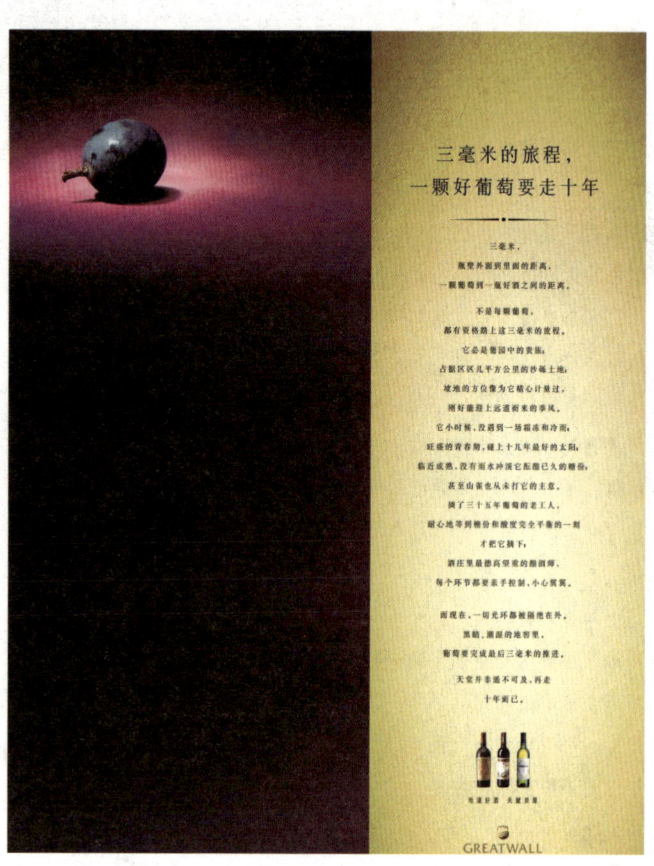
三毫米的旅程，
一颗好葡萄要走十年
三毫米，
瓶壁外面到里面的距离，
一颗葡萄到一瓶好酒之间的距离。
不是每颗葡萄，
都有资格踏上这三毫米的旅程。
它必是葡园中的贵族；
占据区区几平方公里的沙砾土地；
坡地的方位像为它精心计量过，
刚好能迎上远道而来的季风。
它小时候，没遇到一场霜冻和冷雨；
旺盛的青春期，碰上十几年最好的太阳；
临近成熟，没有雨水冲淡它酝酿已久的糖份；
甚至山雀也从未打它的主意。
摘了三十五年葡萄的老工人，
耐心地等到糖份和酸度完全平衡的一刻
才把它摘下；
酒庄里最德高望重的酿酒师，
每个环节都要亲手控制，小心翼翼。
而现在，一切光环都被隔绝在外。
黑暗，潮湿的地窖里，
葡萄要完成最后三毫米的推进。
天堂并非遥不可及，再走
十年而已。
GREATWALL

关于马爹利和尼尔·法兰奇，还有一个故事。

2003年，我还在杂志社的时候，遇上了我的第一位文案老师。他那时刚刚凭为《南京大屠杀》做的海报获得了一根金铅笔。想想看，2003年那时候，在中国还有很多广告人不知道金铅笔为何物。他是美术出身，我要与他合作做一本别墅的楼书，我还没做过广告，我不知道该怎么写楼书。他丢给我一篇尼尔·法兰奇为马爹利写的长文案，说我觉得这个调性不错，你看看怎么样。于是我仔细地读了一遍，那是我第一次看到这种长文案，我被这种文字吸引了，我觉得马爹利真是天赐佳酿。说实话，这些文案通篇只在讲一些事实，但是这些事实听起来却那么动听，以至于我第一次做文案的时候，为宁夏红枸杞果酒写长文案，就照搬了这篇文字的风格。让我们先看看其中的一篇吧：

左边这里是颗完美的葡萄。要4000颗一模一样的这种葡萄才能制成一瓶金牌马爹利。

换个说法：法国每年采收的上百亿颗葡萄中，只有极小一部分才能用来制造干邑；然而其中60颗葡萄中又只有1颗才能用来酿造马爹利。

（你大概开始能够欣赏某种对质量近乎着魔的关切了吧！）

那么，想一想下面的事：在一次大战将尽时节，在欧洲，在大部分本行文字的读者还没出生，电视还没发明以前，在新加坡成为国家前25年，我们采摘葡萄酿制成酒，蒸馏这酒成干邑，这干邑在木桶中静静躺卧，三代酿酒世家的酒窖主人小心守护，直到，今年，这原初的葡萄才成为唯有非常幸运者才能享受到的金牌马爹利。

不难理解，在这样的状况之下，完美的代价昂贵。

后来，我看了路克文写的一本《文案发烧》，那里面讲到美国著名的撰稿人大卫·阿伯特（David Abbott）在父亲节为芝华士写的一篇文案，很长，但是很好。这是从一个儿子的角度回忆父亲的一些生活细节，可是每一个细节都让人觉得似乎在自己身上都发生过。没有大呼小叫地叫卖，没有刻意吹捧的谄媚，只有一些平实的细节描写，可是非常非常好，好得让人嫉妒，让人嫉妒说为什么这篇文案不是我写出来的？

因为我已经认识了你一生

因为一辆红色的RUDGE[①]自行车曾经使我成为街上最幸福的男孩

① RUDGE：英国自行车品牌。

因为你允许我在草坪上玩蟋蟀
因为你的支票本在我的支持下总是很忙碌
因为我们的房子里总是充满书和笑声
因为你付出无数个星期六的早晨来看一个小男孩玩橄榄球
因为你坐在桌前工作而我躺在床上睡觉的无数个夜晚
因为你从不谈论鸟类和蜜蜂来使我难堪
因为我知道你的皮夹中有一张褪了色的关于我获得奖学金的剪报
因为你总是让我把鞋跟擦得和鞋尖一样亮
因为你已经38次记住了我的生日，甚至比38次更多
因为我们见面时你依然拥抱我
因为你依然为妈妈买花
因为你是一位了不起的爷爷
因为你让我的妻子感到她是这个家庭的一员
因为我上一次请你吃饭时你还是想去麦当劳
因为在我需要时，你总会在我的身边
因为你允许我犯自己的错误，而从没有一次说“让我告诉你怎么做”
因为你依然假装只在阅读时才需要眼镜
因为我没有像我应该的那样经常说谢谢你
因为今天是父亲节
因为假如你不值得送 CHIVAS REGAL① 这样的礼物
还有谁值得

这两篇文案发生在遥远的20世纪，几乎已成绝唱，并成为我们这些文案的临摹对象，你会发现，后来国内的很多长文案中你都能看到它们的影子，包括著名的长城葡萄酒那一篇《三毫米的旅程，一颗好葡萄要走十年》，更有不少地产类文案赤裸裸进行抄袭。

你说这几篇都是写酒的，那再想想芝华士父亲节那篇吧，国内文案们顶礼膜拜的偶像许舜英为中兴百货写的文案已经成为经典，带有严重的意识形态风格的思维在遇到母亲节的时候，还是写出了如下的篇章：

焚烧过很多漫画书……

① CHIVAS REGAL：苏格兰高级威士忌品牌芝华士。

专门限制行动……

小时候想走出她的阴影

母亲

于今

只好微弱成电话里断续的叮咛

多想把她的身影永远留住

把对她的爱，在中兴百货感恩的礼物里，具体实现！

一个是中年男子从小男孩时代回忆爸爸，一个是台湾新生代中产对自己童年的记忆中发掘出对妈妈的感激，除去风格，细节的描摹几乎一致。没有惊天动地的英雄豪气，只有甜美悠长的感人细节，却打动了无数人打开自己的钱包，急忙用物质来表达一下对父母荒废已久的感情。

平实的细节，点滴的回忆，父子情怀，兄弟情谊，同窗记忆，这在最初的校园民谣中被同样运用，90 年代初上大学的那一批人，无不被高晓松的歌词感动得一塌糊涂，文案并不是广告人的专利，每一个角落都会有感动人的文字：

睡在我上铺的兄弟

无声无息的你

你曾经问我的那些问题

如今再没人问起

分给我烟抽的兄弟

分给我快乐的往昔

你总是猜不透我手里的硬币

摇摇头说这太神秘

你来的信写得越来越客气

关于爱情你只字不提

你说你现在有很多的朋友

再也不为那些事忧愁

睡在我上铺的兄弟

睡在我寂寞的回忆

那些日子里你总说起的女孩

她总让你看得发呆
每当你看夕阳红
每当你幽静的晚钟
从前的点点滴滴回涌起
在你来不及难过的心里
你来的信写得越来越客气
关于爱情你只字不提
你说你现在有很多的朋友
再也不为那些事忧愁
你问我几时能一起回去
看看我们的现实和我们的过去
你刻在墙上的字依然清晰
从那时候起就没有人能擦去
啦 啦 啦啦啦 啦 啦 啦啦啦……

父亲节这篇文案虽然来自朴素细节的描写，但是处处流露着动人的真情，也许过于煽情了，不是每个产品都要如此煽情的。有的时候，只要把产品真实的信息告诉消费者就行了，你发现通篇都陈述事实的文案很难写是吗？客户会说这种文字我也会写，能不能写得更精彩一些呢，比如用些成语，比如玩点文字游戏？或者双关？

说实话，在如今这个网络时代，成语已经不是文字工作者们的专利，只要你找到汉典或者中华诗词网之类的工具网站，你能用一秒钟的时间查到含有某个字的所有成语，你只要费心挑选一下，总有几个能做标题，那文案的日子岂不是太好过了？

试试用其他方法满足客户吧，虽然客户掌握着生杀大权，但做文案的也要有点自己的权利。关于如何朴实地叙事，《广告文案写作32秘籍》中有一篇理查德·傅士德（Richard Foster）写的文章，在我刚刚做文案的时候给了我很多启发，以后写文案时还常常有模仿他的冲动，我把整篇文章贴出来共享。

今天我要写Sainsbury's[①] 橄榄的广告。

草图钉在我前面的墙上。（我写文案时总是把草图放在面前。帮助我开始动笔。）画

① Sainsbury's：英国塞恩斯伯里超市。

面是一枚 Sainsbury's 的皇后橄榄放在一杯马丁尼里。这是一枚很大的皇后橄榄，所以占据了整个杯子。标题是“你的橄榄要加马丁尼吗？”

我要做的第一件事是告诉大家这是个很大的橄榄而不是杯小马丁尼。我桌上有一罐皇后橄榄和一罐一般的橄榄。我由两罐里各拿出一枚橄榄，并排放在盘子上。正如我所希望的，皇后橄榄看起来差不多是一般橄榄的两倍大。所以我写道：（一个字一个字地手写，一如既往）“皇后橄榄是一般橄榄的两倍大。”这句还没写完，我已经想到下一句了：“也加倍美味。”我立刻了解“加倍美味”属于个人意见，所以我将事实陈述出来：“而且，有人也会说，加倍美味。”

我必须在美味上略作文章。我拿起盘子里的皇后橄榄，把它吃了。我写下尝到的滋味：“它的果肉肥嫩，却有嚼劲，更有种清香的果味令它成为完美的开胃小品……”我忽然想到马丁尼是种开胃酒，所以我加上（在括号里，当然）“……无论加不加马丁尼。”

前面说过，这是 Sainsbury's 橄榄的广告。意思是指 Sainsbury's 全部的橄榄产品。Sainsbury's 一共有九种橄榄，除了其中一种外全部产自西班牙。而且还不是整个西班牙而是西维尔——西班牙最好的橄榄产区。剩下的一种，该死，却是希腊来的。

八种西班牙橄榄里，七种是青色，一种是黑色。希腊橄榄也是黑的。七种青橄榄里，一种是皇后橄榄，其他六种是 Manzanilla[①] 橄榄。六种 Manzanilla 橄榄里，一种含籽儿，一种去籽儿，两种有填料，另外两种是腌的。两种黑橄榄里，西班牙橄榄味道强烈，而希腊的就只是希腊的。

我在文案里要怎样安排这些不同种类的橄榄呢？我继续用西维尔这条线来写。我重读了开头的句子，接着写：“和所有的 Sainsbury's 橄榄一样，我们的皇后橄榄也来自西维尔，西班牙最富盛名的橄榄产区。”

现在我得介绍其他的橄榄品了。我决定用 Manzanilla 来一网打尽。我写道：“我们也销售一般较熟悉的 Manzanilla 橄榄，含籽、去籽、填料与腌渍皆备。”

我跟着解释填料橄榄中一种填的是 Pimiento，另一种是杏仁。腌的橄榄一种是橄榄油加大蒜和辣椒腌的，另一种则是橄榄油加香药草腌的。

这样太长了。得浓缩一点。所以我重写这段的结尾如下：“……填料（辣椒与杏仁两种）或腌渍（橄榄油加蒜与橄榄油加香草）。”

现在我可以直奔终点了。再下来只要谈谈两种黑橄榄，提到 Sainsbury's 有最多种类橄榄产品，再以一个唤起行动的号召结尾就成了。

---

① Manzanilla：马萨尼加，地名，美属萨摩亚。

我重头开始再读一遍。只读到第一句：“皇后橄榄是一般橄榄的两倍大。”我不喜欢“一般”这两个字，太一般了。寻常或庭园橄榄？不！我看过太多次寻常或庭园。寻常橄榄？不！太没趣了。等等，皇后橄榄……皇家……老百姓。

“皇后橄榄比老百姓橄榄大两倍。”

吃午饭了。

□ 危机公关应该做的事

做广告培训的时候，老有学员问我公关的相关知识。

我说公关很难教，公关基本是考情商的，没什么所谓理论体系（当然，你一定会反驳我说有很多公关教材），你只要抓住公众心理即可。

我的意思是说，公关很难做，教材和理论就算你倒背如流，也很难让你得出一个完美的结果。

尤其是危机公关。

比如：家乐福被爆在价签上作假，欺骗消费者。

相信我，发生这种情况的概率绝对比中彩票高不了多少，但是有人爆出来，媒体就会兴奋得像苍蝇一样蜂拥而上，真的，因为一个五百强企业出丑闻不容易，他们会狠狠地报道，恨不得让你瞬间破产。

那么家乐福该怎么做?

1. 发布官方声明，解释为什么会发生错误，因为每天有几十万的价签更新，难免会产生疏漏和错误。

2. 拒绝承认错误或认为这种概率是情理之中，指责媒体小题大做。

3. 不做任何回应。

你会选择哪种?

不要指望媒体会反悔并给你澄清事实，即使他们做了，读者的心里的第一印象很深，而今后的报道不管是正面还是负面，都会加深他们对以前报道的理解。

换句话说，如果你们公司出了负面，就算是媒体的造谣，你再发布公告也会加深别人对你负面的印象。

第一条显然不是最好的选择

拒绝承认错误？除非你疯了。媒体会穷追猛打，他们会继续报道：家乐福欺骗消费者并拒绝承认错误。

不作回应？明天你会看到所有媒体报道：家乐福对欺骗消费者一事保持沉默。

这种情况下，你应该做的是，如果有钱，那就给各个重要媒体投广告并向主编解释你的正当理由。如果没钱，那就取悦消费者，满足他们。宣布：凡是来家乐福购物的消费者只要发现价签和实际结算错误的，按 100 倍赔偿。消费者会谢谢你的，反正他们之前也没有被你欺骗过，偶尔某个倒霉蛋多付了点钱跟他们没有半毛钱关系。

关键的是，他们看到了一条可以发财的道路，他们会很高兴发现标错价签的。至于媒体说什么，关我啥事，我得到实惠就行了，谴责个啥！

我还没写完，明天要是有空会继续写的，各位晚安。

□ 抓不住根本法则，学再多玩法也是白费

有一些朋友私信给我，希望我能分享一些市场营销的技巧和方法。这个问题我想过很久了，我曾自问：你真的牛 × 到可以给人讲方法和技巧了吗？

很惭愧，我觉得精通各种营销技巧并且实践经验比我多的人比比皆是，而在这个时代，网络上几乎可以会找到任何你想要的方法。那我又何必分享呢？

所以，我想讲一些更根本的问题，也许能帮大家在思考和执行项目的时候有所依据。

我在讲文案写作的课程时，曾经给学员讲过一个取名字的规则，比如一个产品或者品牌名字最好是两到三个字，因为这样最好记也最好读。比如耐克，比如腾讯，比如麦当劳，这些都是两三个字的代表，甚至四个字的名字，消费者会自动把它简化，比如我们都叫阿迪达斯作“阿迪”，聚美优品被简化成“聚美”，阿里巴巴被简化成“阿里”。

那么，在取名字的规则中，两到三个字就是一种教给你的规则或者方法。但是，请注意，这只是一种通常情况下的法则，它一定会有例外。比如台湾有一个方便面品牌叫“张君雅小妹妹”，它甚至用了六个字，超额一倍还多。但我觉得这个名字很好，因为很有传播性。试想，当你第一次吃了一个张君雅小妹妹的方便面以后，你是不是很有分享给朋友的冲动？

那这背后就引出了一个取名字的最本质的原则：降低传播成本。我们做一个品牌，不管是设计标识还是想广告语，还是取名字，都是为了能够更好地传播这个品牌，也就是降低传播成本（参见《华与华方法》）。

所以最后取名字的所有规则，都会被“降低传播成本”这一条规则统协。

吴思先生在他的著作《血酬定律》中也曾经提过一个元规则的概念，他在描述中国历史上的社会规则和政治时，提出血酬定律，但在血酬定律之上还有一条元规则叫作“暴力最强者说了算”。

所以我们在做事时，就要找到做这件事最根本的法则。比如你希望孩子将来幸福，那就不一定非要让他上大学，而是让他成为一个独立思考、有生活能力的人。比如定战略，可能有很多种可供参考的企业战略，但最本质的法则其实是企业能够以最经济的方式获得发展。

比如有人说我要去开花店，那你要明白，你是喜欢开花店还是喜欢赚钱？如果你

就是喜欢花，那开花店是个好选择，但如果你本质上喜欢的是赚钱，也许开花店并不是最好的途径。

比如有人说要去旅游，以寻求内心的平静。那其实旅游只是一种形式和方法，你真正寻求的是内心的宁静。比如你要追求一个姑娘，你究竟是为了跟她上床还是想获得幸福，这是两个很本质的问题，也就决定了你采用的方法。

做任何事情的时候，你要明白它的本质是什么，那你就赢了！

从锅炉工到创意总监

这篇文章是公众账号“改变自己”的创办者彭萦向我约的一篇稿子。因为他们正在做一个员工养成系列的文章。后来发现我那篇文章是他们账号一周内转发最多的一篇，也就索性再拿出来跟大家分享一下吧。

当然在这里我仅仅详述了我 2005 ~ 2008 年在 FCB（博达大桥广告公司）的经历，要是再写，估计就成自传了。

1998 年，西安交大锅炉专业毕业，分配到中石化集团天津石化炼油厂烧锅炉。

2001 年，到北航上学，没好好上课，期间全职做过 IPMP① 培训、经济观察报策划、财经时报编辑。

2005 年，加入国际广告公司 FCB 任文案。

2008 年，加入奥美互动任助理创意总监。

2010 年，加入蓝色光标公关集团参与组建蓝标互动广告公司并任策略总监。

2011 年，创办在线技能交易网站第九课堂。目前兼任暴风影音品牌顾问。

说实话，我的工作经历复杂了点，对大部分人的职业规划来说可能没有参考意义。

不过我想说的是我在 FCB 那段经历，或许对大家如何理解牛 × 员工有所帮助，这也是我找到自己的兴趣并快速提升专业水平的一个关键时期。

2004 年，我是《财经时报》一个栏目的副主编，拿着一万多的薪水，每周只要坐班三天，日子应该算过得很舒服。只是我心里一直有一个梦想，就是成为一个广告人。

所以我放弃了这份工作，向所有我能查到的广告公司发出了我的求职信，最后，我在一家当时还算有名，但经营不好的本土广告公司开始了我的广告生涯。

我已 28 岁高龄（呵呵，对于重新选择职业的人来说，这算高龄了），在这家公司获得了一个初级的文案职位，薪水 3000 块，没有各种保险。

半年后，这家公司濒临倒闭，甚至遇到讨债的债主在门口静坐示威。我觉得这不是我久留的地方，我已经成为了一个广告人，那就要去最牛的广告公司。而那时候，我们认为牛 × 的广告公司就是国际广告公司，我们俗称 4A。

我故伎重施一遍，把能找到的全国所有 4A 公司的创意总监的邮箱、以及所有能

① IPMP：国际项目经理资质认证。

找到的 4A 的文案职位搜集了一遍，用纸质邮件，而不是电子邮件发了出去。

一月后，我收到了来自美国的广告公司 FCB 中国上海总部的面试邀请，不过这个职位并不在北京，而是外派到青岛服务一个家喻户晓老少咸宜的品牌海尔。面试我的是当时 FCB 北京的执行创意总监袁学智（我想提醒大家，广告公司很少看学历，比如袁学智的学历是中学毕业），也许是青岛这个地方不容易找到人，我很快就被通知上班了。

2005 年 4 月 1 日（哎，这真是一个有纪念意义的入职时间，而且，我加入奥美也是 4 月 1 日），我在青岛海尔位于中韩村附近的工厂内，与 60 位 FCB 的同事以及所有海尔员工一起开始了国际广告公司的生涯，薪水是税后 3500 元。

我最早服务的产品是海尔手机，关于这个产品，你懂得，你说是让我夸它呢还是不夸它呢？我想起有个同事说海尔手机在北京卖得比上海好，于是我们青岛 FCB 的总经理杰森说了一句话：大概北京外来务工者比较多吧。

说归说，做还是要做的。其实那时海尔手机也没什么广告，我主要的工作是写促销单页、产品介绍和软文。这种工作注定很难有好的作品出来，但是我还是把市面上能看到的单页以及各种软文研究了一遍，发现这些单页和产品介绍、软文都写得让人毫无阅读欲望，不是让人恶心得想吐，就是假得想哭。所以，我就是试着写点有意思的文字，写点不同风格的软文，至少，我每一篇产品介绍和软文都力求不一样和有意思。

这让我收获了广告生涯中第一次升职。

话说这次升职是这样的，由于本人兢兢业业地写了那么多让人不太恶心的手机软文，于是海尔手机事业部的广告部长专门写了一封表扬邮件，发到了我们 FCB 亚太区总经理、上海总经理、青岛总经理、上海创意总监等各位大脑袋的邮箱里。大概意思就是自这个文案来到海尔手机以后，我们看到了一种完全不同的软文写法云云。并且，这位广告部长还热情地给我介绍了一位女朋友，当然，我还是委婉地拒绝了，因为那时我女朋友还在北京上学。

在这次事情后不久，我委婉地发了一封邮件给青岛地区的老大，意思是你看我也老大不小了，虽然刚进入广告圈，但是客户很认可，自认能力还可以，以前拿一万多块，现在工资太少了。事实证明，只要你有能力，就是有人认可你（前提是你要认识到你有能力而且要主动一点，否则公司很难主动给你加薪的哈），于是呢，我很快获得了资深文案的职位，薪水税后 5000 元。那是在我到青岛的半年之后。

我的直接领导其实在上海 FCB，是一位有着十几年广告创意经验的来自香港的创意总监陈永泰，那时我觉得只做手机工作不饱和，主动向他请缨，每周会自己练习做5个平面创意广告发给他，并请他来点评我的工作。于是，在不久之后，由于他觉得我的文字很适合写房地产广告，恰好上海FCB服务了一个客户——香港瑞安地产，那时FCB正在为他们的项目创智天地制作一本楼书，提案遇到困难，于是邀请我去上海出差协助完成这本楼书的文字。

在上海，我第一次住进每天1000块的五星级酒店，而且一住就是近一个月。这期间我和另外一位来自香港的知名美术指导完成了创智天地的楼书，并获得了客户的好评。而此后，我也听到另一位上司易苗表达过这样的意思：小马宋，海尔手机以后还要你多费心了。我从他的话里听出来，我已经是比较重要的一个人了。

由于有去上海FCB的经历，我觉得青岛太封闭了，没法接触到更新更好的广告传播方面的信息和比你更牛的人，所以，在2006年初，我提出要调到北京或上海去，遭到拒绝后，我提出了辞职。这是一次很有意思的经历，当时青岛老板杰森同意了我的辞职申请，而我也办理了辞职手续，并去青岛社保中心领取了失业补助。但就在我准备离开青岛的时候，杰森跟我聊，主要意思是因为青岛办事处文案力量比较薄弱，问我是否可以做青岛办事处的文案组长，帮助青岛文案提升一下水平。

于是，在我来青岛一年后，我成为青岛办事处的文案组长，负责海尔手机、电视、冰柜、洗衣机四个组的创意和文案工作，薪水9000元。

那个时候，我是青岛FCB公认的文案高手，甚至后来有同事说我是青岛第一文案。当然，这有点夸张，那时我还不知道，后来著名的微博号“作业本”也是青岛的一个文案。由于洗衣机这样的家电产品是海尔的主力产品，我的工作就不再局限于写产品手册和软文，而是做更多的广告创意、促销活动，等等。

时间过得真快啊，又是半年过去了。我那不甘平凡的心，又开始骚动了。

我跟杰森说，我还是希望去广告更加发达的京沪地区发展，如果不能调离，我就辞职了。感谢上帝，机会总是留给了那些要辞职的人。因为上海FCB恰好要组建互动传播部门，而互动传播的人那时非常紧俏，所以呢，我被调任上海FCB互动创意部，任职助理创意总监，薪水21000元。这件事发生在我加入FCB一年半之后。

在上海，我服务上海通用别克、萨博，以及维他奶、香港旅游局、迪斯尼手机等品牌，也是在那个时候，我认识了当时还在达彼思做创意组长，服务别克传统广告创意的阿三（现在已经是另一家4A公司的创意总监）。

也许吧，每个人都应该有点追求。这时我已经是4A公司的助理创意总监，我应该实现了当时想做一个广告人的梦想。而我现在的梦想是到戛纳广告节拿奖，已经有机会能够进入最牛 × 的广告公司奥美。当然这几个梦想我都实现了，2007 年我在戛纳广告节获得了一尊铜狮奖杯，并于 2008 年 4 月 1 日加入北京奥美互动（不要觉得我太爱跳槽了哈，离开上海的原因是我女朋友毕业并在北京找到了工作）。

哎呀，一年半的经历要写这么多字才能写完。那我就简单总结一下我的经验吧，我为什么可以一年半从初级文案升职到助理创意总监（在当时的 FCB，助理创意总监已经是大陆人在那里的最高职位，总监都是由港台地区或者海外人士担任的）。

我想了想，无非如下几点：

1. 热爱的工作。我对广告很痴迷，大学的时候就对广告很有兴趣，可惜不得其门而入。后来曲线救国，在毕业六年后成为广告人，所以非常珍惜这个机会，几乎是以百倍的精力投入到了工作中。虽然真实的广告公司工作很苦、很累、很什么什么，但由于我喜欢这个工作，我一切都不以为意。

2. 勤奋。后来我给人讲创意和文案的课程，我经常提醒我的学生，不要指望我几天就把你们培养成文案高手，我只能给你们方法，而想成为高手是需要大量的时间和精力去练习的。

比如我的第一份广告公司的工作，虽然我想法很多，但是真正有用的不多，对于广告创意的思路也很局限。那好，我用了一个笨办法，我就阅读大量的广告创意案例。那时，我和同事用了半个月的时间把德国的一本世界级广告创意杂志（广告档案）十年来的作品，从网上全部下载下来，一共是 20000 个顶尖的创意作品，我又用了近一个月的时间，把它们分门别类地整理成了 10 个 PPT。而我则把这 20000 个创意反复看了三遍以上。当我看完了这些创意后，我发现，其实市面上大部分广告，创意方法都是来自这些经典的创意，无非变变形式而已。

同时，我也收集了世界上最经典的文案，全部抄写了一遍。大部分经典的文案我都能背诵或者能够复述。这时，你写文案的时候就有了各种不同题材和思路帮你。而我个人也在从事广告的六年间每天保持着阅读十个以上广告案例的习惯。

再举一个例子，每次我们想创意，我一般都会加班多想几个，所以我初入广告这行，前六个月我没有休息过一个周末，并且常常通宵加班。（身体很重要，大家也别太拼命哈。）

3. 去最顶级的公司。说实话，牛 × 的人和牛 × 的公司是相辅相成的，当然，牛 ×

和天才不一样，天才可以创造一个牛 × 的公司。以广告公司为例，你再牛 ×，如果在一家小的广告公司，服务一些不疼不痒的小客户，每天写写企业口号、促销单页之类的，你几乎没有机会展现自己的才华。而在大公司，服务耐克、可口可乐、宝洁之类的品牌，你就有机会制作牛 × 的广告，而牛 × 的广告又让你显得很牛 ×。其实，就算你给耐克写出一堆大便，也会有人说你真酷。所以有时候不是你牛 ×，而是品牌伟大，从而成就了你。

所以，在一个行业，就要争取进入这个行业牛 × 的公司。

4. 机遇。我进入青岛 FCB，虽然自己不满意。但其实是青岛给我带来了机遇的。毕竟青岛地区广告并不发达，人员水平也相对弱些，这个时候反而让我凸显了出来，所以我能很快地升职，一个是自己努力，一个也是这个环境造就了我。

5. 做到更高的职位。说实话，我并不觉得职位对一个有追求的人如何重要，但有了一定职位就意味着你能够和更牛的人一起交流和沟通。比如在FCB，你做到一定职位，就可以参加全球的培训以及比稿。而有个理论说，你接触的人决定了你的层次。所以，在职位和薪水面前，我建议你优先选择职位。

6. 突出你的强项。我对自己的评价是，文案功力强，创意能力强，但管理偏弱。但我做的第一件事并不是补足我的弱点，而是先强化我的优点。什么让你能在一个公司里凸显出来？就是在想创意时，别人每个人只有一个想法，而你想了十个，而且每次都选中了你的想法。而你的重要性就在于，当有个案子很难搞的时候，大家会说，去找小马宋吧。当然，在你优点足够强大的时候，你应该去弥补你的弱项了。

□ 医者不自医——为什么广告公司不会为自己做广告？

1998 年，怀着对祖国社会主义事业建设的极大热情，我从西安交大毕业前往天津大港油田，开始了我在中石化的职业生涯。

后来我明智地意识到，我并不是一个工程天才，甚至连合格都不能算，所以就决心考了个 MBA。毕业后顺利进入我梦寐以求的广告行业，而我大部分同学则在管理咨询行业大展身手。不信你去中国最大的管理咨询公司和君咨询问问，他们公司有十几个合伙人是我的同学。

我所在的广告和其他同学深耕其中的咨询，是两个非常奇葩的行业，他们的存在本身是一个悖论。中国有着无数为企业做战略管理咨询的咨询公司，除了寥寥几个佼佼者，其他的公司都可怜巴巴地靠几个老客户维持生计，生存都是问题，更别说发展了。可是他们在向客户介绍自己公司优势的时候，却自豪地宣称自家公司精于企业战略规划以及其他各种管理问题。可是为什么这些公司这么多年却只有七八个人、三五条枪呢？

再说广告公司，也是一个个神奇的存在。按说广告公司是最擅长做广告推广的，可是随便百度一下哪家知名国际 4A 广告公司的名字，你会发现 4A 公司跟百度都是苦大仇深，他们的名字很少能够在百度收录。至于他们的联系电话、公司地址等等，也一样不能通过搜索引擎获得，难道 4A 自己个个客户盈门，已经顾不上发展新业务了吗？非也非也，4A 名头虽大，其实在中国能活得不错的还真没几家，Y&R、达彼思、FCB 等大牌 4A 也不断地裁撤各地办公室。

如果你在卖美白产品，你本人就应该很白，如果你在帮人理财，你本身就应该很有钱，难道不是吗？可是在一个号称能够帮客户做出优秀广告的行业，自己宁可饿死关门，却也不知道如何为自己做广告获得客户，岂不是一个天大的笑话吗？这个问题在我自己创业时，有了一些答案，因为你作为乙方，花甲方的钱帮他们做广告，其实没什么顾忌，最多就是没效果嘛。但是要到了自家花钱做广告，红彤彤的人民币可是真的，谁知道打个广告有没有效果呢？要是扔了 100 万，没有一个客户上门怎么办？

其实每个人心里都明白，我们不怕花钱砸广告，如果一块钱广告能给你带来五块钱利润，我发誓，我一定把我余额宝里所有的钱都取出来打广告。如果一块钱广告能给我带来十块钱利润，我会马上去抢劫同事的账户，逼着他来跟我做广告的。可是没有，什么都没有发生，广告公司无法保证做出良好的投资回报比的广告来，这是他们不做广告的本质原因。

我在 4A 的时候，还有一个很有趣的现象，就是大家一致鄙视叶茂中之类的广告公司。可结果呢？很多 4A 几年后关门大吉，叶茂中的公司却越来越大。对于这种现象的唯一解释就是：绝大多数广告公司根本不懂广告。

广告圈还有一个现象，就是在这几年间诞生了无数的社会化营销公司。而实际上，社会化营销做得最好的几个案例，却往往来自甲方自己的市场部策划。那么，这几千家社会化营销公司，每年至少也要做几万个社会化营销的策划吧？为什么我们所到的就那么少呢？

今年的 AD-TECH 数字营销峰会邀请我去做关于内容营销的演讲，而且我发现主办方把内容营销作为一个重要的版块来安排了。其实直到上周，我还不知道内容营销的确切定义，所以我决定的演讲题目就是：小心内容营销的陷阱。我并不是否认内容的重要性，而是希望我们搞清楚一件事，这几年我们创造的新名词比我们做成的事情要多很多倍。然后我想起一段很有意思的对话。我跟一个广告圈的朋友聊天，说到社会化营销的不靠谱，他说，问题是我们以为社会化营销就是像 ×××、××× 大师说的那样，其实这些大师自己也没搞懂社会化营销究竟是什么，所以连着很多人都被祸害了。我说，于是大家就抱着某些似是而非的概念来玩社会化营销，就像是欧阳锋根据一本倒着写的九阴真经在练功，最后把自己练疯了。按照刚才吐槽广告公司不会自己做广告的逻辑，我们同样可以吐槽一下那些大师们，请大家自己自由发挥吧。

我曾经有段时间开过一门课，叫作怎么识别不靠谱的广告公司？我觉得其中很重要的一条就是，你就看看这个公司有没有为自己做过广告。你要跟我抬杠说像“揽胜”这样的广告公司就从来不自己做广告，那好吧，你赢了。

但是，你真的觉得“揽胜”没有为自己做过广告吗？

PS：

不是所有的广告公司都不做广告，你坐飞机的话，可以顺便翻翻那些航空杂志，里面有不少广告公司的广告。

□ 听了那么多道理，依然做不好营销？

今天下午去《创业家》黑马会做了一次分享，因为参加的都是一些新兴创业公司的创始人或者市场负责人，在交流中发现，营销这事比天还大。不管是名声响破天的，还是普通创业团队，个个为增长、获得用户发愁。

几个典型的问题，我恰好也做了回答，拿出来聊聊我的观点，也算是对今天活动的总结。

问题 1：一个做五常大米的，写一个什么 slogan[①] 好？

提问的那个朋友是做农产品的，一个特别时髦的概念。他说自己想了一句话，大概意思是这样：关爱家人，从健康食物开始。说实话，这是听起来完全无感的一句话。

其实我很好奇他为什么会纠结在有没有更好的 slogan。因为我觉得有更基本的东西还没解决。比如他就没告诉我他们的品牌叫什么，他告诉我他们做五常大米。那你就应该了解这类产品的市场状况，大米这种东西，除了少数几个大企业（中粮、金龙鱼等），基本存疑，大家会认泰国香米、五常大米，或者天津小站稻米。这跟茶叶是同样的问题，喝茶的人认的是大红袍、普洱、太平猴魁、西湖龙井，基本是认产地和种类，对于品牌无感。

那你需要解决的问题首先是什么？是你自己的品牌，如何让别人相信你卖的五常大米是真的，是质量好的。你要考虑的是这个，也许因为你是五常人，是不是你们公司有好多五常人？或许你的品牌就可以叫“五个五常人”，那这就是一个背书，会获取部分信任感。这是你首先要解决的问题。接下来你可以想，我这个牌子要用什么口号来推广。也许就叫：五个五常人，卖真的五常米。品牌名字，容易被记住。品牌口号容易被传播和引用。你急着想个口号，那没用。找到问题，才会发现答案就在隔壁。

问题 2：我们是做新闻客户端的，怎么能做出突破？

这个问题真的很抱歉，我觉得是更深层次的问题。绝对不是营销的问题，营销解决不了。因为新闻客户端除了四大门户，也就今日头条了。或者再加个 ZAKER[②] 和凤凰之类的，了不起了。你做这种产品，既没有四大门户传统的流量支持，又错过了

---

① slogan：此处指品牌或广告语。

② ZAKER：国内最受欢迎的互动分享和个性化定制阅读软件之一。

APP 的粉丝红利期，在这个江山已定的时候去做新闻客户端，基本没有希望。除非出现颠覆性创新，否则没戏。

新闻客户端可不是卖大米的，卖大米先不管品牌如何，只要能有办法找流量，反正能赚钱。最多就是做不大，上不了市。但这是个生意，很实在。新闻客户端如果你用户上不了几千万，日活用户过不了几百万，一点价值都没有。这不是营销的问题，是企业战略方向选择出了问题。

问题 3：我们企业的微信公号，好像别人并不感兴趣。

这个问题，太正常了。

你应该问，别人为什么会对你的企业公号感兴趣才对。人们做一件事，总会需要一些理由。我有什么理由关注一个企业的公众微信号呢？你还应该问，为什么我一定要做一个公众号呢？比如环时互动，也就是做杜蕾斯的那家公司，它有公司的公号吗？反正我不知道有没有。其实它们的公号是“老金扯谈”，名义上是一个私人账号，是他们老板金鹏远的个人公号。但它就比环时互动广告公司这个官微要好，人家就有理由关注老金扯谈这个号。

你可能会问我，那为什么顶尖文案的公号会有十几万粉丝呢？你要知道，顶尖文案是一个做内容的网站，它提供的就是有价值的内容，我关注它就跟我去他们网站一样，这个理由是成立的。招商银行、南方航空这两个看起来这么无趣的公号还几百万粉丝呢？是，你到招行可以查余额转账啥的，你到南航可以办理登记牌，这都是有用的。

有的时候，营销只是常识而已。

问题 4：我们是做创意转化的，怎么做推广？

这个问题，这么说吧：这位朋友跟我介绍了几分钟，我才能了解他们是想做什么。我觉得，这个好失败。这个模式的问题在于，你需要整合的端口太多，而每一环都是很费力气的东西。在我表示对这个模式的质疑的时候，他解释说在美国有同样的模型。

我说在美国行，不代表在中国行。而且你不知道它是怎么发展起来的。就像我曾经创办的第九课堂其实是山寨了美国的 Skillshare[①]，但我们当时只看到它现在的状况，后来去美国跟他们创始人聊，发现人家其实做了好多年学习论坛。有了论坛这么多年积累的用户，才去做这个网站。

---

① Skillshare：美国技能分享网站。

而我们是几个完全不懂教育的合伙人，去搞一个在线教育网站。相去甚远啊。

所以，这个不是营销的问题，这依然是基础工作。你没搞清楚“价值假设”这个环节，也就是消费者是否真的愿意为你埋单和参与进来。

有的时候，营销不能解决全部问题。因为本身商业模式有问题，也许产品设计有问题，也许这个行业有问题。然后也很奇怪，在我们品评一个广告的时候，每个人都是专家。当我们给自己写文案的时候，就完全站在自己的角度去写东西。像“关爱家人，从健康食物开始”这样的文案，你不觉得它对一个新品牌来说，完全不具备杀伤力吗？

名字取得好，公司上市早

回想起上次深圳的文案培训班，50 个学员中，一个月后回想起来，我似乎只记住了一个学员的名字，是个女孩，叫燕子。

当时的情况是这样的，我让每个学员用一句话介绍了自己以及自己的名字。大家的名字五花八门，为什么 50 个名字我只记住了“燕子”这个？当然有人肯定会不怀好意地猜测：估计这姑娘长得最漂亮呗。好吧，这姑娘确实挺好看，但这并不是我记住她名字的原因。原因在于，她用了一个昵称来介绍自己，而且这个昵称是非常通用的一个名字，这在华与华的品牌构成体系里被称为超级符号。

如果这 50 位学员就是品牌的话，那意味着一天下来我只记住了一个品牌。给品牌取名字是个学问，今天就扯扯名字这个事情吧。

前面提到过，取名字有个本质需求：降低传播成本。降低传播成本其实包括两个方面，一个是降低认知成本，就是一眼要看懂；一个是降低扩散成本，就是看一眼就记住，而且乐于介绍给别人。

如何降低认知成本？就是通俗易懂，跟行业有相关性。比如同样是做虚拟现实眼镜的，暴风的叫作魔镜，另外一家的产品叫格拉斯，我就骄傲地认为魔镜比较好。因为魔镜是已有的一个大家熟悉的词，格拉斯是英文 glass 英文的音译，中文上来说没有任何意义，跟虚拟现实眼镜也看不出任何关系。小米是一个通俗名字的典范，锤子也是，康师傅、大象（避孕套）、猎豹（浏览器）、豌豆荚（安卓市场）、小白熊（儿童电器）、苹果、联想（但联想的英文名字好烂）、土豆等等都是，这些词汇都是大家耳熟能详的词，让人一看就能记住。

但小米和锤子这样的名字都没有解决行业相关性的问题。什么叫相关性，就是我一看名字，就知道或者能猜测出这个名字是卖什么的。比如兰蔻、阿芙、雅诗兰黛、妮维雅、玛丽黛佳，我一看就觉得是化妆品类里的，不过这些名字又在通俗性上有所缺失。当然像可口可乐、奔驰、宝马、农夫山泉、三只松鼠就是很牛 × 的名字，名字既顺口，又有行业联想（可乐就是可口可乐自己定义的一个品类，奔驰、宝马则跟汽车相关，农夫山泉是水，三只松鼠是坚果），鲜橙多也是一个很好的名字，通俗易懂，有行业属性，容易记忆，还突出了产品特点，这么好的名字不容易。

当然，有些名字通过一些方法，可以自动补救关于行业联想的问题，比如小狗电器，虽然它的品牌叫小狗，很容易记忆，但没有相关性，所以它自己叫小狗电器，这就补足了相关性。雕爷牛腩也是，雕爷这个品牌不会代表任何品类，但是加上牛腩就直接给了行业属性。

为什么花名更容易记住？因为花名一般是用的熟悉的词语。比如原来早期四大网络写手之一的李寻欢，原名路金波，李寻欢就比路金波这个响亮。比如雕爷的原名叫孟醒，阿里巴巴公司里都用花名。我们习惯了叫罗永浩老罗，叫罗振宇罗胖，都是一个道理。

名字不光是品牌需要，任何有名字的东西都需要。比如艺人里面，王菲之前名字叫王靖雯，就没有王菲这个名字通俗好记，所以王菲后来火了。小沈阳也是个很好记的名字，但也是艺名。大小 S 也是好记的名字。微博大号的始祖，叫冷笑话，就是个通俗易记、易于理解的好名字，天才小熊猫、留几手、万能的大熊这些名字都比较好。少林修女其实也是个好名字，可是这姑娘到微博上改名“顾异的”，其实是一个很不顺口的名字（她有名气和转发量跟她名字没关系，因为她内容做得好）。咱们举个例子，比如你要给我推荐一个有意思的号，你说天才小熊猫，我一下子就能记住并且输入出来，可是“顾异的”就不行。

小马宋也不是个好名字，以这个观点来说。这个名字因为是我的网名，2001 年就注册了，那时候注册名字不能重复，因为我家那个村子叫小马宋，我就用了小马宋这么个网名。它最大的好处是不会重复，但传播上并不容易。以前在名片上印小马宋，递上名片后人家第一个反应是，哇，你怎么叫这么个名字，你几个意思嘛？这样我就可以找个话题跟陌生人攀谈了，因为那时我比较内向，不善交际，名字倒是帮了我不少忙，成了搭讪利器。“中国文联”虽然耳熟能详，可惜它被提前认知了，大家都觉得它是某个正经的写作机构的官方简称，往往产生误会，也不太好。

下面说说好名字具有的一些普遍特征，以及坏名字的特点。

第一个是短。

因为越短越容易记住，当然短到一个字就不太好，因为在我们的语言习惯里大家介绍一个名字还是两个更容易说出口。所以两个字的名字是最容易记住的，老牌的互联网公司新浪、百度、搜狐、谷歌、微软、雅虎就都是两个字，后来才出现三个字、四个字的互联网公司（主要还是域名的原因）。你有没有发现，即使是四个字的名字，我们往往会把他们简称为两个。比如暴风（影音）、阿里（巴巴）、聚美（优品）、阿迪（达斯）、滴滴（打车）、美图（秀秀），哥伦比亚大学我们会称为哥大，耶鲁大学我们叫耶鲁，电脑就比计算机这个名字更通俗和流行，而熟悉我的人都叫我小马，不叫我小马宋。这里面当然有例外，因为名字的本质功能是要降低传播成本，如果这个名字很长，但很好记很好玩，那就遵守这个本质原则，比如“张君雅小妹妹”这个名字，因为颠覆了人类对食品名字的认知，所以就有强烈的传播性。最近冉冉升起的互联网鸭子品牌“叫个鸭子”，虽然四个字，但是大家都不想简化它，因为一句“昨天晚上老公出差，我想叫个鸭子”发到朋友圈，绝对是点赞神器。

对于一个公号来说，名字短了，还便于在新推信息上展示更多的文章题目，这也是一个优势。

第二个是用现有的、通俗的词。

不要试图去创造新词，这是很重要的一件事。因为新词大家基本都记不住，所以即使像“十动然拒”这种当时爆红的网络名词，也会很快被弃用，因为过于隐晦难懂。“人艰不拆”就略好，“任性”就更好了，因为任性本来就是大家能够理解的词。不要用个例去反驳我，那只是特殊现象。

三星集团旗下有个广告公司叫第一企划，其实还不错，到了中国的全资子公司叫杰尔思行，就完全不知所云了。同样是汽车品牌名字，奔驰就比斯巴鲁好，宝马就比迈巴赫好，长城就比比亚迪好。我有一个奥美同事出去做了一个高端旅游网站，叫“赞那度”，一听我就泪奔了，这名字太难记了。

老金就比金鹏远这个本名好，但是“老金扯谈”，就不好。因为它看起来像是“老金扯淡”，而我当初就是搜老金扯淡这个名字，却没有搜到。你看老金自己后来都在公号的文尾加上一句解释：老金扯谈，不是扯淡。罗辑思维，从认知角度来说，其实也不是个好名字，因为打字好辛苦，还常常出错。

通俗的词，最好还是通俗的字。比如山东有个小吃叫“甏肉干饭”，只有少数有学问的能认识，注定流行不起来。小笼包、麻辣烫、兰州拉面、鸡蛋灌饼、驴肉火烧、羊肉泡馍，这些熟悉的小吃其实都是通俗的字，比如biangbiang面，电脑都打不出来，更谈不上流行了。科技媒体36氪，其实也不算是个好名字。

第三个，要用中文，不要英文，尤其不要用中英夹杂的名字。

当然我说的是在中国，要是在美国，这句话就正好相反了。讽刺的是，传播圈子里有很多名字就很没有传播性。比如wemedia这种看似很有范儿的名字，绝对没有淘宝联盟这样的名字来得爽快和明确。

QQ这个名字其实也不算很好，比如在我们老家，大家都叫它“秋秋”，因为山东话发 QQ 非常难，同名的那款车也不行，哪有大奔听起来这么霸气和易懂。互动广告公司里有个叫 IM2.0 的，名字实在不好发，所以后来我总是叫它 2.0。即使是只能用字母的名字，比如微信公号的 ID，也尽量用汉语拼音，不要用英文。比如中国文联 zhongguowenlian，我跟你介绍说就是中国文联的全拼，就很容易。还有个广告圈里不错的公号“花花世界”，中文名字很好，但公号 ID 叫作 playworldallbird（玩尽世上鸟），虽然想法诱人，有广告人的范儿，但传播上不容易，你给人介绍他的账号 ID 是 playworldallbird，估计 10 个人有 8 个会问你三遍才知道，另外两个人会问你 5 遍。

第四，不要用有歧义的字或者多音字，不要篡改原有词语。

比如前面说的杰尔思行（xing）广告，很多人以为念 hang。罗辑思维其实名字读起来还挺好的，但是写起来就不好。因为我常常打出来叫逻辑思维。

说一说我最近给朋友取的一个名字，她做了一个多肉植物品牌，主要是用来做礼物，只在网上卖。我给她取了一个名字叫“忽然想起你”，目标是送给一个你忽然想起的人。这个多肉植物店马上就要开业了。

另外一个朋友的内裤品牌，我取了一个更绝的名字，只是不确定她还有没有注册，我就不说了。

我自己的这本书，名字叫“那些让文案绝望的文案”，我觉得也还蛮好的，因为很多人看到名字，一时激动“天哪，居然有这么牛 × 的书名”，于是脑子一发热就去买了。

□ 怎么识别不靠谱的社会化营销公司?

前一阵子有个姑娘来找我，她带来了在英国小有名气的一家定制品牌。然后说你看能不能帮他们做一做社会化营销的策划，他们有个几百万的预算。

我说姑娘我有正经工作，非常感谢你在有钱赚的时候想着我，可是我太忙，自己家魔镜的事还没时间搞呢，外快就先不赚了，他们要是有钱去找老金吧。她说算了，你知道老金他们生意有多好吗，客户从他们家排队都能从建国路排到长安街了。您要是自己出去开公司做互动营销，那肯定赚翻了。

我说为什么，我又没什么开公司的经验，互动公司现在这么火吗？她说对啊，现在二三线城市的互动公司稍微有点名气的，活儿都接不过来。我不禁吃了一惊。2014 年从年初数到年终，也就能扒拉出几个知名案例，既然社会化营销公司们生意这么好，为什么市面上听不到他们的声音呢？而能看到的做得不错的社会化营销，还有很大一部分是企业自己操刀的。

所以，选择社会化营销公司要谨慎，以下的建议供你参考：

1. 看公司案例。优秀的公司并不是那些做出一个惊天案例然后吃十年老本的公司，其实能够轰动的社会化营销案例往往带有运气的成分，如果一个公司依然拿着三年前的一个牛 × 案例来证明自己，你要小心考虑一下。那些能够持续创造优秀案例的公司才是好公司，好的公司应该是在执行中持续得 80 分，而不是三年就拿了一个 100 分，其他的却都是 30 分。

2. 即使乙方的案例不太有名，也不一定是他们做得不好，也有可能是行业比较细分或者受众群体小众。你可以检查他们过去为普通客户执行过的至少三个案例，好评率如何，有没有效果。

3. 如果他们每一个案例都靠水军来撑场面，那么这家公司可以抛弃了。即使是有头像、有微博、有粉丝，广告粉就是广告粉，很容易识别，如果你连广告粉都识别不了，那被不靠谱的互动公司骗也是活该了。

4. 问一下他们自己公司的社会化营销怎么做的？做得如何？如果一个专注于社会化营销的公司，连自己公司的社会化营销都做不好，那这个公司极其可疑。当然社会化营销有好多种做法，并不是建个公号就叫社会化营销了。比如自己老板出来站台（如环时的老金），比如善于包装自己公司的案例……

5. 看员工的流失率。广告行业的人员流动偏高，但相对的员工稳定性，也能证明公司是否优秀。如果服务你的团队员工在公司的平均年限大于两年，公司加分。

6. 不要被他们汇报的案例数据吓倒，而是要思考这个案例背后是否符合逻辑和有效。

7. 要清楚他们的优势在哪儿，有的公司擅长创意，有的公司擅长资源，那些鼓吹自己什么都能的公司，基本什么都不能。

8. 如果你们是一个中小品牌，而他们却老拿可口可乐、新百伦或者宝马、奔驰的案例教育你，你可以跟他们说拜拜了。不同品牌阶段、不同预算、不同产品属性、不同客户群体，适合的社会化营销手段都不一样，靠着举500强案例打天下的公司，还没有真的理解营销这回事。

9. 一些公司口中的牛×案例，要知道区分他们在这个案例中起了什么作用。比如王老吉的案例就被至少50家公司拿来炫耀，都声称是自己成就了王老吉。可是，也许他们当时只是负责王老吉的包装印刷而已吧。

10. 如果你已经雇用了一个社会化营销公司，记得定期抽查他们的工作，挤掉报告中的水分。

11. 最后一条，好好想想，你真的需要社会化营销吗？你真的需要建个公众账号吗？你以为社会化营销就是价格便宜，含钙量又高又足吗？不要盲目崇拜社会化营销，如果你真的懂营销，那只是手段的不同而已。本质都是一样的。

没考虑清楚也没关系，因为这么比较下来，其实也没几家能让你挑上的社会化营销公司了。

从甲壳虫说开去……

甲壳虫那则“Think small”的广告太著名了，以至于很多人都以为当年的DDB只创作了这一张广告，就让甲壳虫把美国市场搞定了。

其实不然。

甲壳虫这一系列广告做了很多年，有很多张。

Do you think the Volkswagen is homely?

The Volkswagen was designed from the inside out.

Every line is a result of function. The snub nose cuts down wind resistance. The body lines hug the interior workings. Nothing protrudes.

One Briton called the Volkswagen "a marvelous economy of design."

An American owner put it differently. "It's funny," he said, "how she grows on you. At first you think she's the homeliest thing you ever saw. But pretty soon you get to love her shape. And after awhile, no other car looks right."

The VW defies obsolescence. You can hardly tell the doughty shape of a 1950 model from a '61. To suggest altering it is heresy to owners. (Would you change the perfect form of an egg?)

But we are continually making changes you cannot see. Example: a new anti-sway bar eliminates sway on curves. Over a hundred such changes since 1950, but never in the basic design.

Is the Volkswagen homely? It depends on how you look at it (and how long).

Do you think the Volkswagen is homely?

The Volkswagen was designed from the inside out.

Every line is a result of functions. The snub nose cuts down wind resistance. The body lines hug the interior working. Nothing protrudes.

One Briton called the Volkswagen "a marvelous economy of design."

An American owner put is differently. "It's funny." He said, "How she grows on you. At first you think she is homeliest thing you ever saw. But pretty soon you get to love her shape. And after a while, no other car looks right."

The VW defies obsolescence. You can hardly tell the doughty shape of a 1950 model from a '61. To suggest altering it is heresy to owners. (Would you change the perfect form of an egg?)

But we are continually making changes you cannot see. Example: a new anti−sway bar eliminates sway on curves. Over a hundred such changes since 1950, but never in the basic design.

Is the Volkswagen homely? It depends on how you look at it (and how long).

你觉得 VW 不够好看?

中国有个词叫“内秀”，VW 的设计就是这样的。

你可知道 VW 的每一个线条都不是随便勾画出来的？上翻的短鼻是为了减低风阻，车身线条则能保护汽车的内部顺利工作——没有什么设计是多余的。

有位英国人称赞 VW 的设计“简直巧夺天工”。

另一位美国车主则表达了不同的看法：“VW 太神奇了！最初你会觉得它毫无出色之处。但不久你会爱上它的外形。最后，你会对其他车子都看不顺眼了。”

VW 打败了过时的魔咒。当你看到一部外表硬朗的 VW，你可能没法一眼就认出哪一部是 1950 年生产的车，哪一部是 1961 年生产的车。任何对外形改动的建议，均被车主们视为异端邪说。（你会尝试改变鸡蛋的完美外壳吗？）

但是，在你看不到的地方，我们一直在做改进，例如加装了叶子板，消除了转弯时的摇晃。从 1950 年至今，类似的改变数以百计。但从未更改基本设计。

VW 不够出色？这要看你是从哪个角度去看它了。（而且，取决于看了多久。）

A Volkswagen can go forward
and backward.
It can go fast
or slow.
It can go uphill,
downhill
and turn around.
Isn't that wonderful?

A Volkswagen can go forward

and backward.
It can go fast
or slow.
It can go uphill, downhill
and turn around.
Isn't that wonderful?

一辆 VW

能进，能退！
可快，可慢。
能上，能下。
掉头，好酷！

小马宋的话：

这里要分享的，是关于当时 VW 广告的设计。这一张并不是典型的 VW 的广告，典型的 VW 广告排版是上面一张大图，下面几行小字，以及一行很大的标题。

当时 DDB 广告公司负责设计 VW 广告的美术指导，为它创造了这种极度容易识别的版面，他的想法是，如果有人看到 VW 的户外广告，他一定会在几条街之外就能够认出来。

这种版面设计跟当时的艾维斯租车恰好相反，艾维斯租车的广告是大片的文字 + 很小的图片，同样创造出别具一格的广告样式。

具有独特的视觉识别功能，能够大大降低广告的传播成本。

After a few years, it starts to look beautiful.
"Ugly, isn't it?"
"No class."
"Looks like an afterthought."
"Good for laughs."
"Stubby buggy."
"El Pig-O."
New York Magazine said: "And then there is the VW, which retains its value better than anything else. A 1956 VW is worth more today than any American sedan built the same year, with the possible exception of a Cadillac."
Around 27 miles to the gallon. Pints of oil instead of quarts. No radiator.
Rear engine traction.
Low insurance.
$1,799* is the price.
Beautiful, isn't it?

After a few years, it starts to look beautiful.

"Ugly, isn't it?"

"No class."

"Looks like an afterthought."

"Good for laughs."

"Stubby buggy."

"El Pig–O."

New York Magazine said: "And then there is the VW, which retains its value better than anything else. A 1956 VW is worth more today than any American sedan built the same year, with the possible exception of a Cadillac."

Around 27 miles to the gallon. Pints of oil instead of quarts.

No radiator. Rear engine traction. Low insurance. $1,799* is the price.

Beautiful, isn't it?

再过几年，它就开始好看了

“丑死了！”

“好土！”

“这车子的外观设计找木匠做的吧？”

“真搞笑。”

“谁家的餐桌跑出来了？”

“无语！”

纽约杂志曾经说过：“这就是 VW， 它比任何东西都能保值。一部 1965 年的 VW，比同年生产的任何一部美国轿车都值钱。可能只有凯迪拉克除外。”

1 加仑能跑 27 英里。机油只需加几品脱，而不是几夸脱。

没有散热器。后置引擎。保险费低。

时价 1799 美元。很棒，是不是?

Ugly is only skin-deep.

It may not be much to look at. But beneath that humble exterior beats an air-cooled engine. It won't boil over and ruin your piston rings. It won't freeze over and ruin your life. It's in the back of the car, where the weight on the rear wheels makes the traction very good in snow and sand. And it will give you about 29 miles to a gallon of gas.

After a while you get to like so much about the VW, you even get to like what it looks like.

You find that there's enough legroom for almost anybody's legs. Enough headroom for almost anybody's head. With a hat on it. Snug-fitting bucket seats. Doors that close so well you can hardly close them. (They're so airtight, it's better to open the window a crack first.)

Those plain, unglamorous wheels are each suspended independently. So when a bump makes one wheel bounce, the bounce doesn't make the other wheel bump. It's things like that you pay the $1585* for, when you buy a VW. The ugliness doesn't add a thing to the cost of the car.

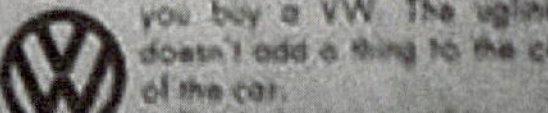

That's the beauty of it.

©Volkswagen of America, Inc. *Suggested Retail Price, East Coast P.O.E., Local Taxes and Other Dealer Delivery Charges, if Any, Additional.

Ugly is only skin-deep.[1]

It may not be much to look at. But beneath that humble exterior beats an air-cooled engine. It won't boil over and ruin your piston rings. It won't freeze over and ruin your life. It's in the back of the car for better traction in snow and sand. And it will give you about 29 miles to a gallon of gas.

After a while you get to like so much about the VW, you even get to like what it looks like.

You find that there's enough legroom for almost anybody's legs. Enough headroom for almost anybody's head. With a hat on it. Sung fitting bucket seats. Doors that close so well you can hardly close them. They're so airtight, it's better to open the window a crack first.

Those plain, unglamorous wheels are each suspended independently. So when a bump makes one wheel bounce, the bounce doesn't make the other wheel bump. It's things like that you pay the $1 585 for, when you buy a VW.

The ugliness doesn't add a thing to the cost of the car.

That's the beauty of it.

车不可貌相

它看起来确实很不起眼，但在丑陋的外表下，却有一颗强劲的气冷式引擎。它不会过热，否则会毁了你的活塞环；也不会结冰，否则会直接毁了你。它位于汽车后部，这样即使在雪地和沙地上也跑得很好，并且用 1 加仑汽油就能跑 29 英里。

你很快就会爱上 VW 的，甚至再也不会觉得它丑了。

你会发现它的空间好大，不管你腿有多长，头有多高，都会伸展自如。凹背座椅让人觉得很舒服。关车门的时候会有点费劲，那是因为 VW 的密封做得太好了。（提示：因为车门密不透风，最好一上车就开一点车窗。）

轮子看起来一点都不显眼，却是四轮独立悬挂的，如果一个轮子因碰撞而弹走了，其他轮子是不会受影响的。你买下 VW，你会真的觉得它值 1585 美元。

丑陋并未增加车子的成本，这正是它的巧妙之处。

---

① 在英语中，此标题 Ugly is only skin-deep，与英文俚语 Beauty is only skin-deep 相对照。

Made in U.S.A.

Made in U.S.A.

George H. Long. Of Grand Rapids. Mich., made this Volkswagen out of spare parts in his spare time.
The car runs very well.
But not often.
Mr. Lang uses it to teach VW mechanics at one of our training schools.
They tear it to pieces and put it together again. And again. And again.
After suffering this kind of education, our mechanics get to be pretty sharp.
(So does our service.)
Of course, we admit that our car is easier to learn about than the most.
Because we don't make drastic changes every year. And because the changes we do make, make sense.
This policy has another advantage.
Since most VW parts are interchangeable from year to year, you can easily get parts for any Volkswagen.
You'll find this comforting.
If you're building your own VW. Or buying one ready made.

美国制造

这部 VW 背后有个故事。
密西根州大溪城的朗先生，利用闲暇，用备用零件造出了它。
这部车跑得很好。
但并不常跑。
在我们一所训练学校中，朗先生就是以这部车子为标本训练 VW 的技师们。
他们把它拆成一堆零件，然后再组合。然后再拆装，再组合，一遍又一遍地练习。
这种训练让我们的技师个个都成为行家。（我们的服务也是一流的。）
当然，我们承认 VW 比大部分的车子结构更容易掌握。
因为我们对车子的改变很少，除非真的有必要做出改变。
这对车主的好处显而易见：
每年生产的 VW 的大部分零件，都可以更替使用，你很容易就能找到任何一部 VW 所需的零件。
你将发现这样会很方便：不管你是打算组装一部，还是打算买一部。

Do you earn too much to afford one?

For many people the Volkswagen would be an ideal car. Except for one thing.

It doesn't cost enough.

They're afraid nobody will know they have any money, if it doesn't show in their car. In other words, they buy their car for other people. Not themselves.

Then there are those who earn enough to buy a much better car than the VW. But they don't. Because they can't find one.

For them the best car is one that simply gets them there. Comfortably and economically. One they don't have to worry about. That doesn't make many stops for gas. And rarely needs repairs.

A car where rare repairs don't cost much.

A car where the car doesn't cost much.

They feel they can afford to save money with a Volkswagen.

Now next time you see somebody driving a VW don't feel sorry for him.

Who knows? Someday the bank might be using his money to give you a new car loan.

Do you earn too much to afford one?

For many people the Volkswagen would be an ideal car. Except for one thing.

It doesn't cost enough.

They're afraid nobody will know that they have any money, if it doesn't show in their car. In other words, they buy their car for other people. Not themselves.

Then there are those who earn enough to buy a much better car than the VW. But they don't. Because they can't find one.

For them the best car is one that simply gets them there. Comfortably and economically. One they don't have to worry about. That doesn't make many stops for gas. And rare repairs don't cost much.

They feel they can afford to save money with a Volkswagen.

Now next time you see somebody driving a VW don't feel sorry for him.

Who knows? Some day the bank might be using his money to give you a new car loan.

某些人收入太高，而VW格调过低？

对某些人来说，尽管VW是一款完美的座驾，却有一个致命的缺点：它不够贵。

这些人会担心如果不买一辆贵点的车，别人就不知道他是有钱人了。这种人，开车纯粹是为了炫耀，不为自己，专为别人。

但也有一部分人，他们收入很高，完全可以买一部比VW好很多的车，可他们却没有买：因为他们根本找不到更好的车了。

他们心中最好的车，无非性能靠谱，舒适而经济，不用担心出问题，也不必经常加油，不常送修，即使送修也不贵。

他们可以买一辆VW，然后又能在银行存上不少钱，何乐不为呢？

所以，下次看到有人开VW时，就不要嘲笑他们了。说不定有一天，你去银行贷款买车，用的就是他们存在银行的钱呢。

Live below your means.

If you'd like to get around the high cost of living, we have a suggestion:

Cut down on the high cost of getting around.

And buy a Volkswagen. It's only $1799*.

That's around $1200 less than the average amount paid for a new car today. (Leave it in the bank. More's coming.)

A VW saves you hundreds of dollars on upkeep over the years.

It takes pints, not quarts, of oil.

Not one iota of antifreeze.

And it gets about 27 miles to the gallon. The average car (thirsty devil that it is) only gets 14.

So the more you drive, the more you save.

And chances are, you'll drive it for years and years. (Since we never change the style, a VW never goes out of style.)

Of course, a VW's not much to look at. So a lot of people buy a big flashy car just to save face.

Try putting that in the bank.

Live below your means.[①]

If you'd like to get around the high cost of living, we have a suggestion:

Cut down on the high cost of getting around.

And buy a Volkswagen. It's only $1799*.

That's around $1200 less than the average amount paid for a new car today. (Leave it in the bank. More's coming.)

A VW saves you hundreds of dollars on upkeep over the years.

It takes pints, not quarts, of oil.

Not one iota of antifreeze.

And it gets about 27 miles to the gallon. The average car (thirsty devil that it is) only gets 14.

So the more you drive, the more you save.

And chances are, you'll drive it for years and years. (Since we never change the style, a VW never goes out of style.)

Of course, a VW's not much to look at. So a lot of people buy a big flashy car just to save face.

Try putting that in the bank.

量入为出

如果你想过上有品质的生活，我们有个靠谱的建议：

不要在买车和养车上花钱太猛。

买部 VW，只需要 1699 美元。

这比目前一般的车要便宜 1200 美元，简直白菜价。（把省下来的钱存银行吧，利息也不少。）

你开一部 VW，几年下来它就能帮你省下几百美元的保养费。

它只需要加几品脱的机油，而不是几夸脱。

根本不需要防冻剂。

它 1 加仑汽油能跑 27 英里，一般的车只能跑 14 英里（油老虎啊）。

所以，你开得越多，省得越多。

而你很可能会一辈子都开 VW 了。（因为我们从不改变车子外形，所以 VW 绝不会过时落伍。）

当然，VW 看上去没那么酷。所以，许多人买拉风的车只是为了有面子。

还是省着点放银行吧。

---

① 此标题与俚语 Live beyond your means（入不敷出）相对照。

Introducing two of the most radical changes in Volkswagen history. Can you spot them?

Did you notice that the headlights are vertical now instead of leaning back a bit? That doesn't make the car look any better. But it makes the road look better by making the lights a little brighter.

And that little hump in the back? We did that to hold the license plate up straight so the police can read it better. (Sorry.)

What you won't notice without driving the new model are the big improvements.

The engine has been enlarged to a ferocious 53 horsepower. That only adds 3 m.p.h. to the top speed. Because we put most of the additional power where it would make the engine accelerate faster, turn slower and last even longer.

Now that the VW is getting to be such a hot car, we put in a couple of things to slow it down. Dual brakes.

The front wheel brakes are completely independent of the rear wheel brakes. So if you ever lost the front wheel brakes, you could still stop the back of the car. (Which automatically stops the front of the car too.)

The new VW also has seat belts, backup lights and recessed door handles as standard equipment. In fact, this year we made so many changes on the Volkswagen that we thought we'd better make one more.

We wrote "Volkswagen" on the back of the car to be sure everybody would know what it was.

Introducing two of the most radical changes in Volkswagen history. Can you spot them?

Did you notice that the headlights are vertical now instead of leaning back a bit? That doesn't make the car look any better. But it makes the road look better by making the lights a little brighter.

And that little hump in the back? We did that to hold the license plate up straight so the police can read it better. (Sorry.)

What you won't notice without driving the new model are the big improvements.

The engine has been enlarged to a ferocious 53 horsepower. That only adds 3 m.p.h. to the top speed. Because we put most of the additional power where it would make the engine accelerate faster, turn slower and last even longer.

Now that the VW is getting to be such a hot car, we put in a couple of things to slow it down. Dual brakes.

The front wheel brakes are completely independent of the rear wheel brakes, you could still stop the back of the car. (Which automatically stops the front of the car too.)

The new VW also has seat belts, back-up lights and recessed door handles as standard equipment. In fact, this year we made so many changes on the Volkswagen that we thought we'd better make one more.

We wrote "Volkswagen" on the back of the car to be sure everybody would know what was.

VW 历史上两大重要改进，你注意到了吗？

你注意到现今垂直设计的车灯了吗？他们不再是之前那样有点倾斜的了。新的设计虽然没有让车变得更美观，却让道路看起来更明朗。

你注意到车身后背的凸起了吗？我们这么做，是为了让车牌固定，让警察看得更清楚。（抱歉。）

然而有些重大的改进，不亲自试驾新车你绝不能体会。

引擎被有力地增强到 53 马力，但最高时速只提升了 3 英里。因为我们努力的重点是使引擎加速更快，机转速度更优且持续时间更长。

VW 算得上是一辆快车了，所以我们专门研究了减速技术。这就是双重刹车功能诞生的原因。

前轮刹车与后轮刹车完全独立，你只要刹住后轮就好。（前轮便会自动刹住）

新款的 VW 汽车同样在标配中配备了安全带，应急灯及隐藏门把手。其实今年 VW 汽车作出了许多精益求精的改进。

我们一直在车尾特意标注上了“VW”字样，以便人人知晓，这正是我们的产品。

Why is our nose so stubby?

The VW doesn't need a long front hood because the engine's in back of the car.

This gives you a couple of advantages over the long-nosed jobs.

Obviously, it makes for a shorter car.

So you can move in and out of traffic. And in and out of tight little parking spots.

Your chances of denting a fender in the process are practically nil, too. Because the VW's short hood lets you look right down your nose at the road.

The point is this: Everything on the VW is there for a reason. Including our changes.

Unless you've nosed around VWs for years, you may not be aware of things like our fully synchromesh transmission.

Or our quieter, more powerful engine.

Or our 3,012 other inside improvements.

On the face of it, the VW looks the same; underneath, it's changed.

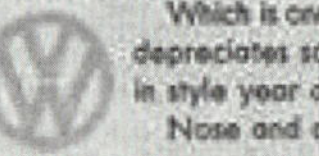

Which is one reason the VW depreciates so little and stays in style year after year.

Nose and all.

Why is our nose so stubby?

The VW doesn't need a long front hood because the engine's in the back of the car.

This gives you a couple of advantages over the long−nosed jobs.

Obviously, it makes for a shorter car.

So you can move in and out of traffic. And in and out of tight−little parking spots.

Your chances of denting a fender in the process are practically nil, too. Because the VW' s short hood lets you look right down your nose at the road.

The point is this: Everything on the VW is there for a reason. Including our changes.

Unless you've nosed around VWs for years, you may not be aware of things like our fully synchromesh transmission.

Or our quieter, more powerful engine.

Or our 3012 other inside improvements.

On the face of it, the VW looks the same; underneath, it's changed.

Which is one reason the VW depreciates so little and stays in style year after year.

Nose and all.

为什么 VW 的车鼻是秃的?

因为 VW 的引擎放在车身背后，所以前盖就没有必要那么长了。

比起那种长鼻子设计，好处有很多。

很明显，车变短了。所以你能随意穿行，停靠自如。

VW 的短车头设计让你张眼即能看好道路，所以在行车时撞瘪叶子板的可能性几乎为零。

关键是，VW 设计均出之有因，包括我们所做的一切变动。

除非你已关注 VW 产品数年，你可能很难发现诸如完全同步变速箱此类的设计。

或是更静音，却更强劲的引擎。或是 3012 种其他内部改进。

表面看来，VW 依然如故；内部观察，却变化万千。

这正是多年来 VW 汽车价格不减却经久不衰的原因之一。

看看这个汽车鼻头的变化，便可说明一切。

One of the nice things about owning it is selling it.

A new Volkswagen doesn't depreciate wildly the minute you turn the key.

In a sense, the older it gets the more valuable it gets.

So that in 5 years, the same VW will be worth more than some 5-year-old cars that cost twice as much to begin with.

Old VWs are worth a lot because a lot of people want them.

One reason is that it takes a real car nut to tell a clean used one from a new one.

VWs always look like VWs.

Another reason is that they hold up.

A VW is put together so well, it's practically airtight. (It helps to open a window to close a door. Even on old ones.)

And, new VW or old, there's all that nice money you keep saving on gas, oil, tires, insurance and repairs.

So you can get a nice price for it. (If something forces you to sell.)

It's the kind of economy that people are willing to pay an arm and a leg for.

One of the nice things about owning it is selling it.

A new Volkswagen doesn't depreciate wildly the minute you turn the key.

In a way, the old it gets the more it's worth.

So that in 5 years, the same VW will be worth more than some 5-year-old cars that cost twice as much to begin with.

Old VW are worth a lot because a lot of people want them.

One reason is that it takes a real car nut to tell a clean used one from a new one.

VWs always look like VWs.

Another reason is that the hold up.

A VW is put together so well, it's practically airtight. (It helps to open a window to close a door. Even on old ones.)

And, new VW or old, there's all that nice money you keep saving on gas, all, tire, insurance, and repairs.

Which means you can get a nice price for it. (If, for some strange reason, you'd want to sell.)

It's the kind of economy that people are willing to pay an arm and a leg for.

拥有它的乐趣之一，就是可以日后卖掉

从你开始使用那刻起，VW 新款汽车的价值就不会轻易改变。

如此说来，老车反倒更值得拥有。

五年后，VW 车甚至会比当年同期推出的其他品牌新车价格高出两倍多。

VW 旧车售价高，因为很多人想买它。

原因之一：只有资深车迷，才能辨别出干净的 VW 旧车和新车之间的区别！ VW 的经典在于，它永远都像 VW。

原因之二：VW 经久耐用。

每辆VW汽车各部分均衔接紧密，几乎密闭不透风。(为了能轻松地关闭车门，你要先开一点车窗。即使老款车也是如此。)

VW 汽车，不论新旧，皆为你省去大笔汽油、轮胎、保险及维修等一系列额外花销。

省了就是赚了，这就叫性价比高。（不然，要是汽车常莫名出现各类问题，你会恨不得马上把它处理掉。）

这就是人们对 VW 汽车趋之若鹜的经济学原理。

Has the Volkswagen fad died out?

Yes.

But it was an unnerving experience while it lasted.

Because after we introduced our completely sensible car, people ran out and got it for completely frivolous reasons.

The first people bought VWs just so they could be the first people to have one.

And a lady in Illinois had one because it looked cute beside her "real" car.

However, the faddists soon found out that the bug wasn't an expensive ($1652) toy, but a cheap ($1652*) car.

As a fad, the car was a flop:

(When you drive the latest fad to a party, and find 2 more fads there ahead of you, it catches you off your avant-garde.)

But as a car, the VW was impressive:

If you had to go someplace, it took you. Even when some cars wouldn't. And when you got there, you could park it. In places where other cars couldn't.

Once people took the bug's good points for granted, it became the best-selling car model in history.

And that's when the VW fad ended.

Has the Volkswagen fad died out?

Yes.

But it was an unnerving experience while it lasted.

Because after we introduce our completely sensible car, people ran out and got it for complete frivolous reasons.

The first people bought VW's just so they could be the first people to have one.

And a lady in Illinois had one because it looked cute beside her "real" car.

However, the faddists soon found out that the bug wasn't an expensive $1574 toy, but a cheap $1574 car.

As a fad, the car was a flop:

(When you drive the latest fad to a party, and find 2 more fads there ahead of you, it catches you off your avant-garde.)

But as a car, the VW was impressive.

If you had to go someplace, it took you. Even when some cars wouldn't. And when you got there, you could park it in places where other cars couldn't.

Once people took the bug's good points for granted, it became the best-selling car model in history.

And that's when the VW fad ended.

VW 流行风潮过去了吗?

是的，过去了。

但是这股流行风潮持续时，还真让人不安。

因为就在介绍完我们最值得购买的车型后，人们便胡乱疯抢。

于是第一批买 VW 汽车的人，仅仅是为了成为第一批拥有者。

而且美国伊利诺伊的一位女士就买了一辆，因为跟她之前的车比起来，VW 可爱得不像是真车。

然而，玩家们很快发现这个售价 1574 美元的玩意儿，根本不是个昂贵的玩具，而真是一部便宜的汽车。

作为潮品，汽车是无法胜任的：比如有一天你开着最潮的车去聚会，却总会发现还有两三样更潮的东西摆在你面前。

但作为汽车，VW 令人印象深刻。

想去的地方，它会带你去，就算别的车无法抵达。想停的地方，它能停下来，就算别的车无法停放。

人们一旦领会了这些优点，它便成为汽车历史上销售最好的车之典范。

自那时起，VW 的流行风潮就结束了。

Who in the world seals the bottom? Volkswagen.

Here's a side of the Volkswagen that very few people know about: the underside.

It is not only enclosed, but sealed with rubber to make it practically airtight. So tight, we get persistent reports it will even float. But here's a more useful advantage: a VW sloshes through water that brings most traffic to a standstill.

Notice how flat and smooth the VW bottom is. No hollow pockets and hanging parts to trap air and slow you down. Less drag. Better gas mileage.

On most cars, control wires and cables are left exposed. But you don't see wires under a VW; all you see is the steel bottom that protects them.

A Volkswagen depreciates less than any other car because less can happen to it. Its shape remains the same; its works intact.

The Volkswagen's built-in heater and defroster are part of the body—designed into the car and therefore included in the price: $1,675,* top to bottom.

Who in the world seals the bottom? Volkswagen.

Here's a side of the VW that few people know about: the underside.

It is completely enclosed, and sealed with rubber to make it practically airtight. So tight, there are reports it will float! But there's a more useful advantage: a VW sloshes through water that brings other traffic to a standstill.

Notice how flat and smooth the VW bottom is. No hollow pockets and hanging parts to trap air and slow you down. Less drag. Better gas mileage.

On most cars, control wires and cables are left exposed. But you don't see wires under a VW, all you see is the steel bottom that protects them.

A VW depreciates less than any other car because less can happen to it. Its shape remains the same; its work intact.

The Volkswagen's built-in heater and defroster are part of the body, designed into the car and therefore included in our price: $1595 top to bottom.

世上谁会把车盘底密封？ VW

VW 也有不为人知的一面：车的最下面。

车底完全封闭，以橡胶密封，因此几乎不透气。有报道说，设计得那么严实的话，估计都能放水里浮起来了！确实，这使得它更实用：VW 遇水便能轻盈掠过，其他车却只能望水兴叹。

请留意 VW 汽车的底部有多平坦光滑。没有任何造成风阻、减低速度的空穴或突出的零件。阻力小，更省油。

许多车会将控制电线和电缆暴露在外，但 VW 不会，钢制的底盘会将它们好好保护。

相比其他汽车，VW 的折旧率更低，几乎不会跌价。这得益于 VW 车款经典不变，内部正常运作持久。

VW 内置加热器和除霜器已融为一体，被设计到了汽车里，无须额外加价。因此 VW 汽车从上到下只需 1595 美元。

Why are the wheels crooked?

A split rear axle.

The rear wheels are individually suspended, to adjust to the shape of the road. (Most European racers have this, but few passenger cars.)

Take the opposite: the rigid rear axle. What if your car hits a rut hole?

Clunk.

Seasoned drivers wait for this thump.

In a Volkswagen, it never comes.

"I've been tooling around in my Volks for 3 years," says one commuter, "and I'm still surprised when the jolt doesn't come."

Volkswagens also have torsion bar suspension on all four wheels. (Not many passenger cars have this, either.)

Ordinary springs can "hit bottom." VW torsion springs twist. The more they twist, the more spring they develop. This cradles the car. You get a sure-footed ride over rough terrain.

Crooked wheels?

That's what keeps the Volkswagen on the level.

Why are the wheels crooked?

A split rear axle.

The rear wheels are individually suspended, to adjust to the shape of the road.

(Most European racers have this, but few passenger cars.)

Take the opposite: the rigid rear axle. What if your car hits a rut hole?

Clunk.

Seasoned drivers wait for this thump.

In a Volkswagen, it never comes.

"I've been tooling around in my Volks for 3 years, " says one commuter, "and I'm still surprised when the jolt doesn't come."

Volkswagen also have torsion bar suspension on all four wheels. (Not many passenger cars have this, either.)

Ordinary springs can "hit bottom." VW torsion springs twist. The more they twist, the more spring they develop. This cradles the car. You get a sure–footed ride over rough terrain.

Crooked wheels?

That's what keeps the Volkswagen on the level.

为何轮子有点歪?

因为后车轴是分离开来的。

因为后车轮独立悬挂，以便适应路况。（虽然众多欧洲赛车中配置如此，却在一般汽车上难得一见。）

如果是固定后轴会发生什么？要是您的车碰上了辙坑？

砰的一下。

熟练的老手可等着看这一幕的笑话呢。

对 VW 车说来，这样的笑话绝不会上演。

一位每日需要往返工作的通勤者说：“我都开 VW 上下班 3 年了，奇怪的是，怎么就没觉得它颠过啊！”

VW 汽车的四个轮子上均有扭力杆式悬架（其他汽车上也很难得一见）。

普通弹簧上下弹起一压到底，而扭力弹簧受力后不停扭转。扭转得越厉害，弹力就变得更大。汽车便能得到摇篮般的呵护。即便在路况恶劣的情况下，你也依然稳如泰山。

轮子歪了？

这其实是 VW 品质超群的原因之一。

Will we ever kill the bug?

Never.

How could we?

We brought the Volkswagen into the world, and gave it the best years of our life.

When people laughed at its looks, we helped it make friends all over the world. 8 million of them.

And we promised them that this was one car that would never go out of style (much less out of sight).

We won't deny that the bug's been changed. But not so you'd notice.

The 5,000-odd changes we've made since 1948 don't do a thing to the VW except make it work better and longer.

A few purists feel we kill the bug each time we improve it. But we have no choice.

We've got to keep killing the bug every chance we get.

That's the only sure way to keep it from dying.

Will we ever kill the bug?

Never.

How could we?

We brought the Volkswagen into the world, and gave it the best years of our life.

When people laughed at its looks, we helped it make friends all over the world.

8 million of them.

And we promised them that this was one car that would never go out of style (much less out of sight).

We won't deny that the bug's been changed. But not so you'd notice.

The 5,000−odd changes we've made since 1948 don't do a thing to the VW except make it work better and longer.

A few purists feel we kill the bug each time we improve it. But we have no choice.

We've got to keep killing the bug every chance we get.

That's the only sure way to keep it from dying.

我们会干掉这只甲壳虫吗?

永远不会。

我们怎会如此信誓旦旦?

VW 汽车已被带向了世界各地，人们与它共度人生中最美好的年华。

有人可能会嘲笑它的外形，但它却因此与全球友人结缘。

800 万车主。

我们都承诺 VW 汽车经典永不过时（更不会消失无影踪）。

我们也承认一直在改进甲壳虫，或许你却从未留意。

自 1948 年起，我们总共完成了 5000 项奇特的改进。但是所有的改动都是为了让汽车更好地运作，耐力更持久，除此之外，我们从未做过任何改动。

一位局外人士感言，每次我们改进似乎都是在干掉这只甲壳虫。但我们别无选择。

只要有机会，我们就会抓紧“干掉”甲壳虫。

而正因为如此，它才历练成为打不死的小强。

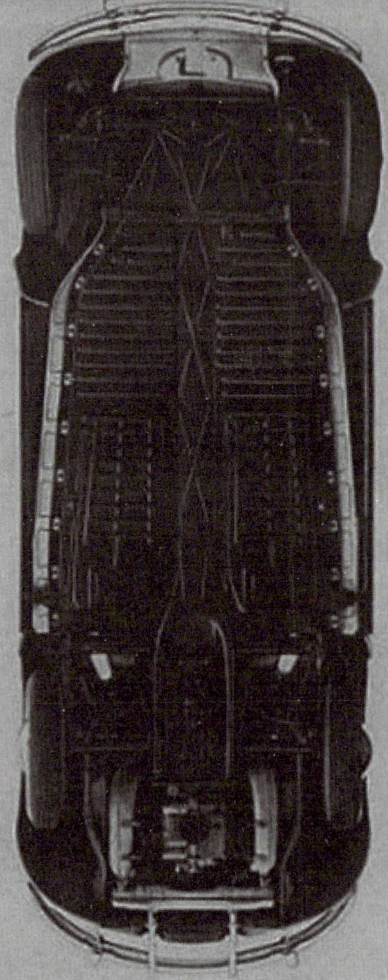

Even the bottom of a Volkswagen looks funny.
We are speaking to you from underneath a Volkswagen.
Not much to look at, is there?
Too bad that big sheet of steel is in the way. Otherwise, you could see all of the Volkswagen's works.
But don't feel cheated.
That sheet of steel is the VW's bottom. No other car has anything quite like it.
It protects the VW's vital parts against everything, including time. And it's one of the big reasons why VWs last so long.
The VW's bottom was no afterthought. It's part of the design. The car is sealed to the bottom and the bottom is sealed to the car.
Which is why a VW is practically airtight. And why some of the rumors about floating Volkswagens aren't just rumors.
The VW's funny-looking top and funny-looking bottom have one thing in common: they both work to make the Volkswagen as good as it is.
It would be easy enough to change them.
But we think we'll leave bad enough alone.

Even the bottom of a Volkswagen looks funny.

We are speaking to you from underneath a Volkswagen.

Not much to look at, is there?

Too bad that big steel is in the way. Otherwise, you could see all of the Volkswagen's works.

But don't feel cheated.

That sheet of steel is the Volkswagen's bottom. No other car has anything quite like it.

The steel bottom protects the VW's vital parts against everything. Including time. It's one of the big reasons why VWs last so long.

The VW's bottom wasn't an afterthought. It's part of the design. The car is sealed to the bottom and the bottom is sealed to the car.

Which is why a VW is practically airtight. And why some of the rumors you've heard about floating Volkswagens aren't just rumor.

The VW's funny-looking top and funny-looking bottom have one thing in common: the both work to make the Volkswagen as good as it is.

It would be easy enough to change them.

But we think we'll leave bad enough alone.

即便车底看来也有点意思

我们来聊聊 VW 的车底吧。

好像没啥好看的，是吗?

不好意思，要不是一大块钢板横在了中间，你就能对 VW 汽车内部如何运作一览无余了。

但别误会，我们这不是在故意戏弄你。

这块钢板正是 VW 汽车的车底。在其他车下少有见到。

钢制的底板保护 VW 车的重要部件，抵挡住外物，包括时间的侵蚀。这正是 VW 汽车经久不衰的一大原因。

VW 车底并不是事后才有的理念。它是部件设计的一部分。汽车密闭到底，车底紧封着汽车。

这就是为何说 VW 车几乎密闭不透风。你老能听到传闻说 VW 车能漂浮起来，这可不是谣言。

VW 有趣的车顶和车底有个共同点：都是为了 VW 能高效运作。

要改变这些设计乃举手之劳。

但我们就是这么个倔脾气。

Some of the most unusual things about a Volkswagen
are things you don't usually see.
Still $2625*

Some of the most unusual things about a Volkswagen are things you don't usually see.

Look under the fender of a Volkswagen and you'll find something you wouldn't dream of finding: paint.

We use 13 lbs. of it on every VW. And in the most unlikely places. (If you have nothing to do sometime, remove one of the inside door panels and see what's underneath.)

Under the chassis of a Volkswagen you'll find something only a handful of cars in the world have: a sealed steel bottom. This protects all vital things inside the car from all those vile things out there on the road.(Look under your car and you'll see how exposed and vulnerable everything is.)

See those four wheels sticking up in the air in the picture above? Well, you can press down on any one of them and move it without any of the others moving. What this means is when the car is right side up and one of the wheels hits a bump, none of the other wheels feel a thing.

Now, consider that you get all these luxury car features (and more) at an economy car price···with economy car gas mileage···the most advanced car coverage in the world···(Owner's Security Blanket)···and almost unbelievable resale value (a '72 Volkswagen retails for as much today as it did new.).

You couldn't find a better buy if you stood on your head.

Still $2625.

VW 不凡之处，通常不易窥见

看看 VW 汽车挡泥板下方吧！你会意外地发现一些做梦也想不到的东西：喷漆涂层。

每部 VW 汽车我们均使用 13 磅涂料，用到看似不可能的部位。（若你哪日闲来无事，完全可以试着卸下一块内门板，再观察其内部是什么情况。）

在 VW 汽车底盘下，你也会发现世上独一无二的：密封钢底。所有车内关键部件皆因此被牢牢保护起来，防止被路间杂物损伤。（看看其他车的车底，你就会发现，下面的一切是多么脆弱易损，却又被那般暴露在外。）

看到图上竖起的四个轮子了吗？其实，你可以压下其中任意一个来转一转，其他三个车轮却纹丝不动。也就是说，当汽车行驶时就算一个车轮遇到撞击，也丝毫不会对其他车轮运作造成任何影响。

现在想想看，你获得了所有这些豪华汽车配置的性能（甚至是超越），却是以经济适用车的价格买入的。而且用着经济适用车的耗油量、最领先的全球覆盖汽车服务（车主保障），以及最不可思议的保值转手价（一辆 1972 年的 VW 汽车现今的售价仍与它刚推出时的价格一样）。

车要翻过来看，才会发现买得最划算。

价格依旧，2625 美元。

The inside is finished like the outside.
This is our idea of a grand opening.
We took a Volkswagen apart so that you can see for yourself what the inside looks like.
You won't find one dribble on the paint or one nick on the chrome. Not one wrinkle, nor one missed stitch.
We've got a bevy of seamstresses to make sure nothing zags when it should zig.
Maybe you think quality isn't something you can quite put your finger on. But just run that finger underneath the dashboard. Smooth?
Along the headliner. Smooth?
Under the door. Smooth?
Smooth.
It's one of our old family recipes: a lot of patience plus a lot of paint.
A visitor once asked, "4 coats of paint? Isn't that putting it on a bit thick?"
We said, "No."
We don't count on the paint to hold the VW together. But it keeps it from falling apart.

The inside is finished like the outside.

This is our idea of a grand opening.

We took a Volkswagen apart so that you can see for yourself what the inside looks like.

You won't find one dribble on the paint or one nick on the chrome. Not one wrinkle, not one missed stitch.

Volkswagen's got a bevy of seamstresses to make sure nothing zags when it should zig.

Maybe you think quality isn't something you can quite put your finger on. But just run that finger underneath the dashboard. Smooth?

Along the headliner. Smooth?

Under the door. Smooth?

Smooth.

It's one of the old VW family's recipes: a lot of patience and a lot of paint.

A customer once asked, "4 coats of paint? Isn't that putting it on a bit thick?"

We said, "No."

We don't count on the paint to hold the VW together. But it keeps it from falling apart.

表里如一

这应该是我们的超级开放性思维。

我们打开 VW 汽车为你呈现其内部状况。

你不会在涂层上看到多一滴漆，不会在镀铬装饰板上看见一丝裂痕。不会有褶皱，不会有一线缺失。

VW 还有众多女裁缝确保内饰细节有条不紊。

或许你会觉得品质这个东西难以捉摸。那就去仪表盘下方摸一下吧。光滑吧?

沿着汽车顶衬感受一下，光滑吧?

门下方，光滑吧?

一切都是光滑无比。

这正是 VW 家族秘诀之一：耐心十足，喷漆十足。

曾有客户问：“你们要喷 4 层漆？那岂不是有点厚？”

我们回答：“完全不会。”

虽说 VW 出名靠的不单是喷漆，但喷漆却是 VW 永不褪色的保障。

Can you name this car?
Clue: Even on the hottest day, you won't see this car with its hood up. (The engine is cooled by air instead of water. Won't overheat, won't freeze.)
Clue: It cruises at 70 miles an hour all day long without working up a sweat or running up a repair bill.
Clue: In mud, sand, ice or snow, where other cars skid, this one will go. (The engine in the rear does it.)
Clue: It's put together so air-tight, there have been persistent reports it will even float.
Clue: It's never been changed for the sake of change—and it won't be, either.
Clue: It sells for $1,565,* complete with body. And a used one depreciates less than any other car.
Clue: Its initials are VW.

Can you name this car?

Clue: Even on the hottest day, you won't see this car with its hood up. (The engine is cooled by air instead of water. Won't freeze.)

Clue: It cruises of 70 miles an hour all day long without working up a sweat of running up a repair bill.

Clue: In mud, sand, ice or snow, where other cars skid, this one will go. (THe engine in the rear does it.)

Clue: It's put together so airtight. There have been persistent reports will ever float.

Clue: It's never been changed for the sake of change ——and it won't be, either.

Clue: It sells for $1565, complete with body. And a used one depreciates less than any other car.

Clue: Its initials are VW.

你猜到这部车的名字了吗?

提示:即使是在最热的时候,也从来不必打开引擎罩。(引擎使用空气冷却而非水冷,也不会结冰。)

提示:以 70 英里的时速持续跑一天丝毫不会报废一钉一铆。

提示:在泥土、沙石或雪地等环境下,许多汽车均难以应付,但这部车可以畅行无阻。(尾部发动机提供支持。)

提示:各部分皆是密闭的,不断有报道说它遇到水足以漂起来。

提示:绝不因跟风说变就变——它绝不会轻易改变。

提示:整车只卖 1565 美元。二手车贬值率皆低于其他车辆。

提示:它的缩写是 VW。

Need a part?
Replacing part of a car is a pain.
But it's even more painful when you need a part and can't get it.
If you own a 6 or 8 year-old domestic car and need, say, a door handle or a water pump, you're liable to have quite a problem. (Unless you enjoy shopping in junkyards.)
When cars change so drastically every year, the dealer simply can't keep every part for every year in stock.
But the VW doesn't change drastically every year, so Volkswagen dealers don't have nearly the problem.
So far as we're concerned, a hood is a hood and a door is a door.
We can replace an engine in 90 minutes for a rear fender for $21.09,* plus labor.
Above all, we can promise that you'll be able to get any part you need for any year Volkswagen you own.
Once there were people who wouldn't have any part of a VW.
Now they get all they want.

Need a part?

Replacing part of a car is a pain.

But it's even more painful when you need a part and can't get it.

If you own a 6 or 8 year-old domestic car and need, say, a door handle or a water pump, you're liable to have quite a problem. (Unless you enjoy shopping in junkyards.)

When cars change so drastically every year, the dealer simply can't keep every part for every year in stock.

But the VW doesn't change drastically every year, so Volkswagen dealers don't have nearly the problem.

So far as we're concerned, a hood is a hood and a door is a door.

We can replace an engine in 90 minutes (or a rear fender for $21.09,* plus labor).

Above all, we can promise that you'll be able to get any part you need for any year Volkswagen you own.

Once there were people who wouldn't have any part of a VW.

Now they get all they want.

需要汽车配件了？

更换汽车配件是件痛苦的事。

最痛苦的莫过于你正急着要某个汽车配件却怎么也找不到。

假设你有辆 6 到 8 年前的旧国产车，可能需要一个门把手或者抽水机，估计你会有点头疼。（除非你喜欢去垃圾场购物。）

现今汽车内部设计每年变化巨大，经销商根本不可能存储每个不同的零部件。

但 VW 汽车每年的配件都不轻易改变，因此 VW 的经销商们根本不用担心这个问题。

直到现在，VW 配件一切照旧，按部就班。

我们 90 分钟就能换一个引擎（或者后挡泥板，只要 21.09 美元，劳务费另加）。

尤其是，我们承诺，不论是你哪年购买的 VW 汽车，所需的配件都可以找到。

有些人曾经觉得这辈子都不会喜欢 VW 一丁点儿。

现在他们却什么都买了。

It's a little too much car for the money.

Never mind the money.

It's a little too much car for the car.

The engine, for example, is assembled by hand. And we machine it to such close tolerances that it won't burn a thimbleful of oil.

Poke around the parts and you'll find things you won't even find on some high-priced sports jobs.

Like an oil cooler.

Or a carburetor de-icer.

Or a sealed bottom.

Or the only four wheel independent torsion bar suspension system on a sedan.

How do we get all those plums in for the price?

By spending our time on changes to make the car work better. Not look different.

And the money we save by not retooling for new styles, we pour right back into the car. (Into a fourth coat of paint, for instance. For a finish you don't look at, so much as into.)

Now for the money: $1,675.*

Fully assembled.

It's a little too much car for the money.

Never mind the money.

It's a little too much car for the money.

The engine, for example, is assembled by hand. And it's machined to such close tolerances that it won't burn a thimbleful of oil.

Poke around the parts and you'll find things you won't even find on some high-price sports jobs.

Like an air cooler.

Or a carburetor de-icer.

Or a sealed bottom.

Or the only four-wheel independent torsion bar suspension system on the sedan.

How do all those plums get thrown in for the price?

By spending time on changes to make the car work better. Not look different.

And the money that's saved by not retooling for new styles gets poured right back into the car.(into a fourth coat of paint, for instance. For a finish you don't look at, so much as into.)

Now for the money: $1563.00

Fully assembled.

这车太超值了

先别说钱的事儿。

这款车本身就有点太超值了。

比方说，全手工组装引擎。经过仪器精确调试，不会多耗费一滴汽油。

随意观察一下，你会发现有些部件就算是在昂贵的跑车上也不会用到。

比如空气冷却器，

比如化油器除冰装置，

比如密封底盘，

比如轿车上独有的四轮独立扭力杆式悬架装置。

这么好的东西怎会如此便宜?

因为我们历时多年，专注于改进汽车性能，而非改善外观。

我们没有浪费钱去设计新车型，而是用在了汽车性能的改进上。（比如喷了 4 层漆，结果可能你还没察觉过。）

现价：1563 美元

全手工组装。

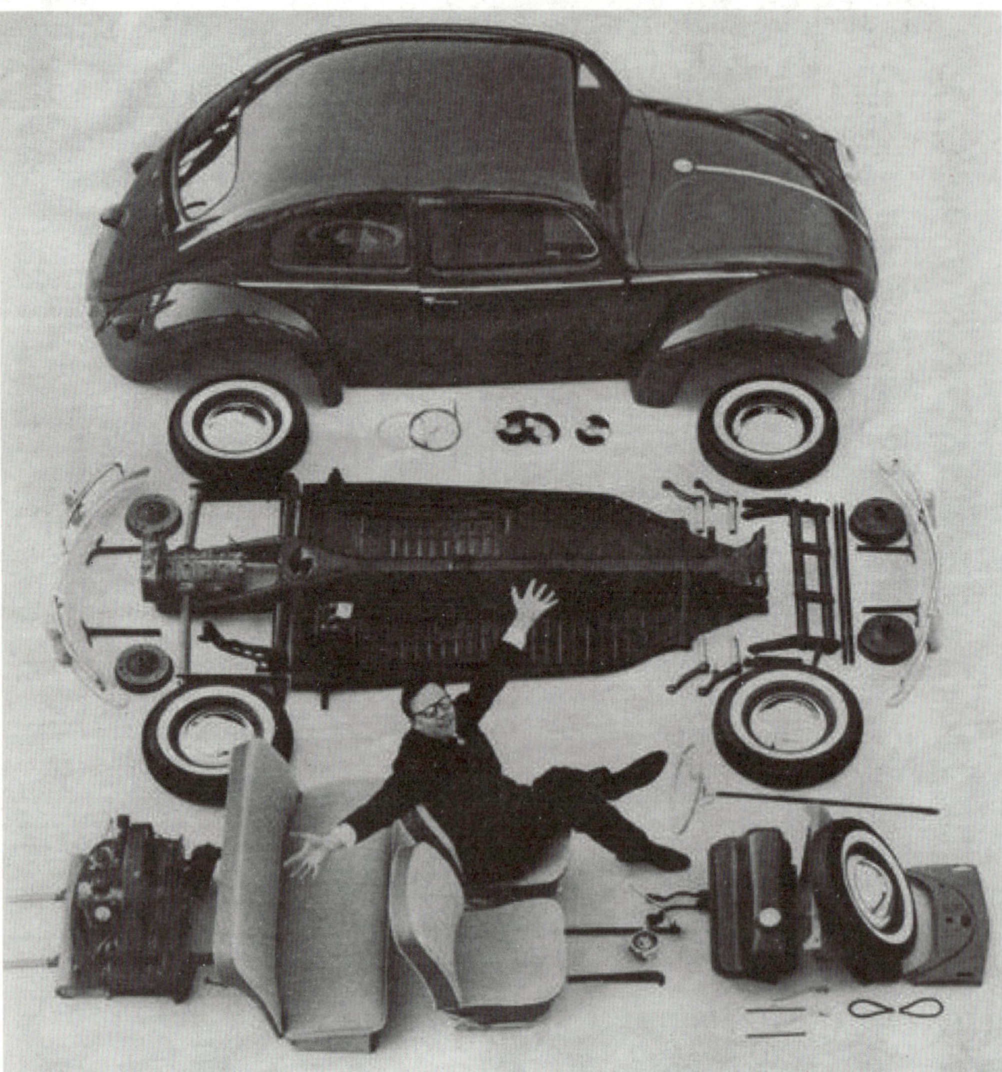

Repair 'em? I've got enough parts to build 'em!

There are 5,008 parts in a Volkswagen sedan and Dale Tuttle has all of them in stock or on tap. (So does every other authorized Volkswagen dealer.)

You don't wait to get a Volkswagen serviced. Mr. Tuttle repairs even vintage VW's with equal facility; their heart and face have remained the same.

Volkswagen parts are inexpensive. A new front fender is $21.75.* A cylinder head is only $19.95.*

Volkswagen service is fast (an engine can be removed and replaced in 90 minutes).

If you lived in Bangalore, India, and ordered a Volkswagen we wouldn't deliver it. No VW service nearby.

VW spare parts are taken from regular production, identical with those in the car itself, and so just as good.

The intriguing thing is, they are seldom needed.

Repair'em? I've got enough parts to build'em!

There are 5008 parts in a Volkswagen sedan and Dale Tuttle has all of them in stock or on tap. (So does every other authorized Volkswagen dealer.)

You don't wait to get a Volkswagen serviced. Mr. Tuttle even repair vintage VW's with equal facility; their heart and face have remained the same.

Volkswagen parts are inexpensive. A new front fenders is $21.75 .A cylinder head is only $19.95.

Volkswagen service is fast. (Fan engine can be removed and replaced in 90 minutes.)

If you live in Bangalore, India, and ordered a Volkswagen we wouldn't deliver it. No VW service nearby.

VW spare parts are taken from regular production; identical with those in the car itself, and so just as good.

The intriguing thing is, they are seldom needed.

修什么？有这些配件，我完全可以重装一辆！

VW 轿车有 5008 种配件，达力 · 塔特尔先生那里有现货，也可以为你订货。（其他所有 VW 授权的经销商也都是如此。）

你根本不必苦等 VW 的专业维修人员。塔特尔先生只用相同的配件，就能把 VW 老款车给修好。

VW 汽车配件价钱很划算，全新的前挡泥板只需 21.75 美元，汽缸盖只需 19.95 美元。

VW 汽修服务快如风（引擎风扇在 90 分钟内就能更换完毕）。

如果你住在印度班加罗尔，订购 VW 汽车，我们不会卖给你的，因为那儿没有 VW 服务点。

VW 汽车配件皆出自标准化生产线，规格一致，品质如一。

更有意思的是，这些配件还很少被用到。

A Volkswagen, obviously.
It's easy to spot a Volkswagen.
Even with enough snow on it to hide the beetle shape.
It's the one that keeps moving.
A Volkswagen will even go up icy hills when other cars won't go at all because we put the engine in the back. It gives the rear wheels much better traction.
That's half the problem.
But the engine can't just be there. It has to keep working.
So we cool the VW engine with air, not water. There's no need for anti-freeze, no chance of the block cracking. (No possibility of boiling over in summer, either.) And there's no draining. No flushing. No rust.
You can park a VW outdoors in sub-zero weather or dig it out of a snowbank. It's ready to roll as soon as you turn the key.
If you happen to live where ice and snow are no problem, don't think you can't judge the VW's extraordinary abilities.
Just try it in sand or mud.

A Volkswagen, obviously.

It's easy to spot a Volkswagen.

Even with enough snow on it to hide the beetle shape.

It's the one that keeps moving.

A Volkswagen will even go up icy hills when other cars won't go at all because we put the engine in the back. It gives the rear wheels much better traction.

That's half the problem.

But the engine can't just be there. It has to keep working.

So we cool the VW engine with air, not water. there's no need for anti-freeze, no chance of the block cracking. (No possibility of boiling over in summer, either.) And there's no draining. No flushing. No rust.

You can park a VW outdoors in sub-zero weather or dig it out of a snowbank; it's ready to roll as soon as you turn the key.

If you happen to live where ice and snow are no problem, don't think you can't judge the VW's extraordinary abilities.

Just try it in sand or mud.

是辆 VW，毫无疑问

很容易就能看出那是一辆 VW。

即使是被厚雪覆盖，掩盖了它招牌式的甲壳虫造型。

VW 是一辆什么都挡不住的汽车。

VW 甚至能够攀越冰山，而其他车基本做不到。因为我们把引擎放置在了车尾，后轮就得到了更多牵引。

这都还是小意思。

引擎不能只是待在那儿，而是需要能持续工作。

于是我们用空气来冷却 VW 的引擎，而不是用水冷却。用不着防冻剂，水箱不会冻裂。（即使在夏天，水温也不会过高。）而且，不怕缺水，不漏水，不生锈。

你完全可以把 VW 停在零下的环境中，或者直接从雪堆里开出来。VW 汽车时刻待命出发，只等你扭动车钥匙。

若你的居住地没有冰雪的问题，你一样有机会验证 VW 的超群性能。

只要在沙漠或者泥地上跑跑就知道了。

The experimental X-93 Volkswagen.
You may think that when you've seen one Volkswagen you've seen them all.
But this one is different.
It has some features that may not show up on production models for a year or two.
Or ever.
If and when we add them, it will be only because they work perfectly, not because we have to meet a deadline.
For example: We developed a damper that took the last bit of vibration out of the steering wheel on rough roads. We added it in mid-year: March of 1960.
Often, one refinement leads to another.
We tested a new carburetor in North Sweden in 1959 and added a de-icer to go with it. They are both on the current VW.
You'll notice that these are not extra-cost options. They are part of the car and so included in the price: $1,565.*
What does the X-93 have?
Nothing earth-shaking.
Improvements that will make the VW even better. In performance. In reliability. In comfort.
And by the time they're on the car, there won't be a bug in them.

The experimental X–93 Volkswagen.

You may think that when you've seen on Volkswagen, you've seen them all.

But this one is different.

It has some features that may not show up on production models for a year or two.

Or ever, if and when Volkswagen adds them, it will be only because they work perfectly, not because Volkswagen has to meet a deadline.

For example: Volkswagen developed and added a damper that look the last bit of vibration out of the steering wheel on rough roads.

Often, on refinement lead to another. Volkswagen tested a new carburetor in North Sweden in 1959 and added a de–icer to go with it. They are both on the current VW.

These are not extra–cost option. They are part of the car and so included in the price:$1684.58.

What does the X–93 have?

Improvement that will make the VW even better.In performance.In reliability.In comfort. And by the time they're on the car, there won't be a bug in them.

VWX–93 型车，在试验中

见过一部 VW，你可能以为你就看到了它们的全部。

但这一部却大为不同。

好些功能在一两年内尚不能出现在产品模具上。

或者就算是 VW 真的增加了这些新功能，也只会等它们性能完美之后，而非最后期限到了。

举例说：VW 改进并新增了减震器。这样在路况不理想时，方向盘不会有一丝震动。

通常在不断完善的过程中，又会产生新的改进。VW 曾于 1959 年在瑞典北部测试一款新型化油器的过程中，加进了除冰装置。现今的 VW 车型均有配备。

这些都是额外收费项目。含所有配件，全车一体价：1684.58 美元。

那 X–93 能有什么?

它有很多在性能、安全性、舒适度上的改进，使得 VW 汽车更好。汽车获得这些改进后，便完美无缺了。

The best kept secret in Washington, D.C.

What's the most popular car among diplomats in Washington, D.C.?

Put that question to a diplomat and you get a very diplomatic answer.

In other words, they don't tell.

So we did some snooping around on our own and contrary to public opinion, the car most diplomats buy is neither very big nor very fancy nor very impressive.

Hint: It can be bought and serviced in 140 countries throughout the world.

Hint: It costs $1749* in the U.S.A.

Hint: It has tremendous resale value.

Final hint: It gets around 27 miles to the gallon and uses no antifreeze whatsoever.

At last count, there were over 1200 diplomats and embassy staff members driving this little car throughout Washington.

So that story about big important people driving only big, important-looking cars may not be altogether true.

On the other hand, if big important people would rather have you believe they drive only big, important-looking cars, that's all right with us.

We won't let the bug out of the bag.

The best kept secret in Washington, D.C.

What's the most popular car among diplomats in Washington,D.C.?

Put that question to a diplomat and you get a very diplomatic answer.

In other words, they don't tell.

So we did some snooping around on our own and contrary to public opinion, the car most diplomats buy is neither very big nor very fancy nor very impressive.

Hint: It can be bought and serviced in 140 countries throughout the world.

Hint: It costs $1749* in the U.S.A.

Hint: It has tremendous resale value.

Final hint: It gets around 27 miles to the gallon and uses no antifreeze whatsoever.

At last count, there were over 1200 diplomats and embassy staff members driving this little car throughout Washington.

So that story about big important people driving only big, important-looking cars may not be altogether true.

On the other hand, if big important people would rather have you believe they drive only big, important-looking cars, that's all right with us.

We won't let the bug out of the bag.

华盛顿特区的惊人内幕

在华盛顿的外交官员中，最流行的用车到底是什么？

若试图去问某位外交官员，你只能得到些外交辞令。

换句话说，他们是不会说出去的。

所以我们亲自去挖掘了一些线索，结果与 VW 认为的结果截然相反：最受外交官重用的车既不是大排量的，也不太炫目，更不太令人印象深刻。

线索：在全球 140 个国家均有销售并提供服务。

线索：在美国只售 1749 美元。

线索：再次转手价值惊人。

最终线索：1 加仑油大致能跑 27 英里，并且无需防冻剂。

据最新统计，华盛顿超过 1200 名外交官和大使馆人员都在驾驶这种小轿车。

于是，大人物们只开大型、拉风轿车的传说便不攻自破。

换个角度想，如果大人物们宁愿公众相信他们只开大型拉风的车，也无可厚非。

我们会守口如瓶的。

Presenting the 84 mpg Volkswagen.

Since all the car manufacturers are conducting their own mileage tests these days, we at Volkswagen thought we'd conduct one too.

So we modified our body—and our engine. And, of course, we got someone who didn't weigh much to drive.

Lo and behold, we got 84 miles per gallon!

Ridiculous? Nobody normally drives like this? Of course. That's precisely our point.

Nobody normally drives like most of those tests you're seeing.

Volkswagen: An honest 25* miles per gallon.

Presenting the 84 mpg Volkswagen.

Since all the car manufacturers are conducting their own mileage tests these days, we at Volkswagen thought we'd conduct one too.

So we modify our body–and our engine. And, of course, we got someone who didn't weigh much to drive.

Lo and behold, we got 84 miles per gallon!

Ridiculous? Nobody normally drives like this?

Of course. That's precisely our point.

Nobody normally drives like most of those tests you're seeing.

Volkswagen: And honest 25 miles per gallon.

每加仑跑 84 英里的 VW[①]

鉴于现在所有的汽车制造商都在做自己车型的里程测试，我们 VW 也做了一次。

因此我们对车身进行了一些改进，还有引擎。当然我们还找了个不太重的人来开。

你瞧！我们达到了 84 英里 / 加仑！

这有点夸张？通常没人会这么开车是吧？

当然。这恰恰就是我们想要表达的。

通常，不会有人像你见到的那些测试一样去开车的。

VW 汽车：数据实为 25 英里 / 加仑。

① 这篇看起来多么像锤子手机前一阵子面对跑分软件的做法，是吧？

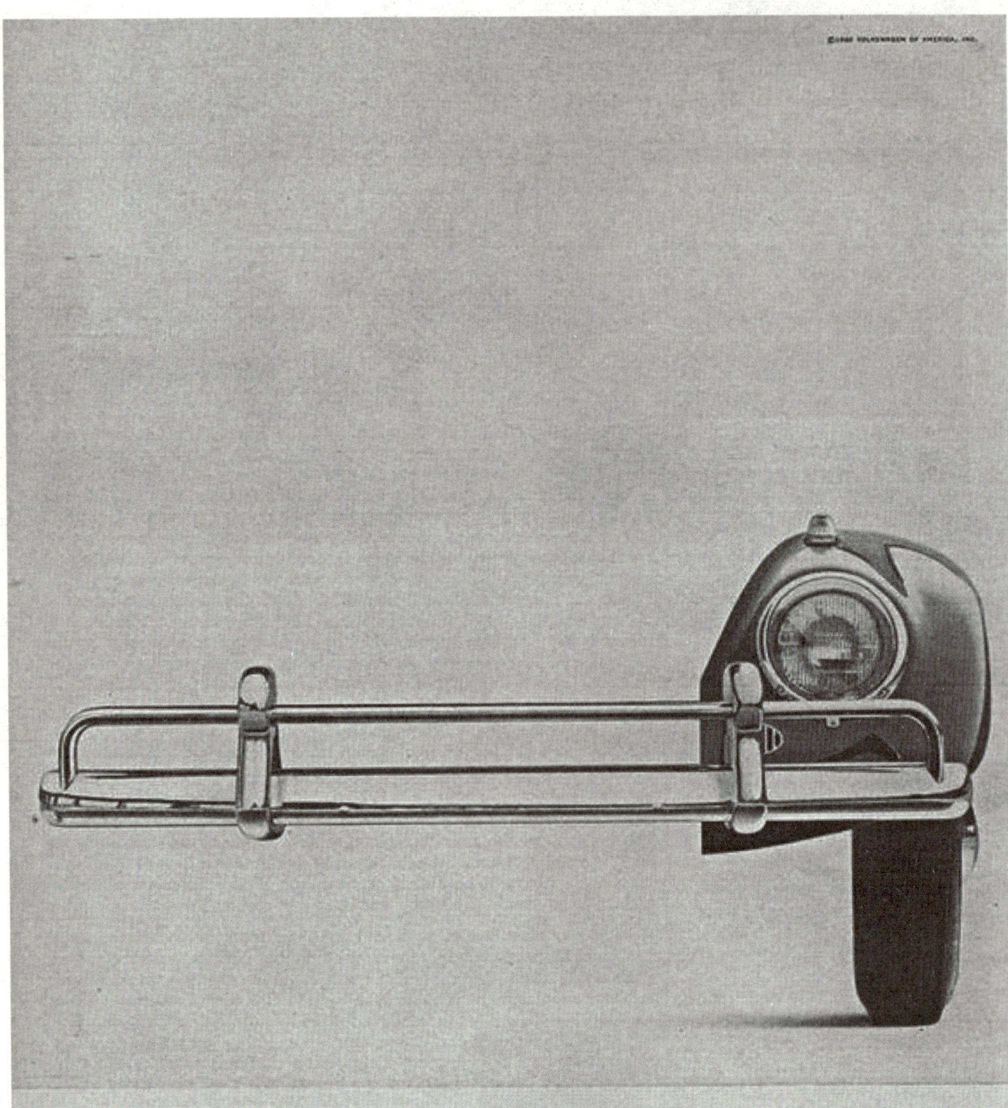

What if you only need part of a Volkswagen?

You're in luck.

Parts of Volkswagens are easier to get than whole ones.

Any part. For any year.

That's the nice thing about making the same car year-in and year-out.

You can spend your time fiddling with the insides instead of the outside.

We've made some 3,000 improvements in our little car and hundreds of them fit our oldest models, too.

(Did you know you can get parts for a 15-year-old VW faster than for some of the new jobs around?)

Volkswagen parts are also easy to install. For instance, our fenders are bolted on. (10 bolts do it. So you don't have to replace half the car.)

And the whole engine can be replaced in an hour and a half.

Of course, as you think about this, you may prefer to get all our new parts at once.

We have such a package.

What if you only need part of a Volkswagen?

You're in luck.

Parts of Volkswagen are easier to get than whole ones.

Any part. For any year.

That's the nice thing about making the same car year–in and year–out.

You can spend your time fiddling with the insides instead of the outside.

We've made some 3000 improvements in our little car and hundreds of them fit our oldest model, too.

(Did you know you can get parts for a 15–year–old VW faster then for some of the new jobs around?)

Volkswagen parts are also easy to install. For instance, our fenders are bolted on. (10 bolts do it. So you don't have to replace half the car.)

And the whole engine can be replaced in and hour and a half.

Of course, as you think about this, you may prefer to get all our new parts at once.

We have such a package.

要是你只想要一个 VW 零部件?

你可走运了。

要找 VW 零部件比找辆 VW 车还简单。

包括任何年份的任何配件。

一年又一年地制造同样的汽车，好处就在这里。

你可以把精力放在车的内部而非外观上。

我们小小的汽车里有过 3000 项改进，其中数以百计的改进同样适用于旧的车型。

你发现没？比起现在一些品牌的新车，一辆 15 年前的旧 VW 车零部件会更好找。

VW 汽车的零部件简单易装。比如说， 我们的挡泥板是螺栓联结式的。（由 10 个螺钉联结，所以你根本不必把车拆换掉一大半。）

整个引擎也只要一个半小时就能换好。

当然，若你琢磨着，还是想要一次性拿到所有最新零配件的话。

我们随时可以为你打包好。

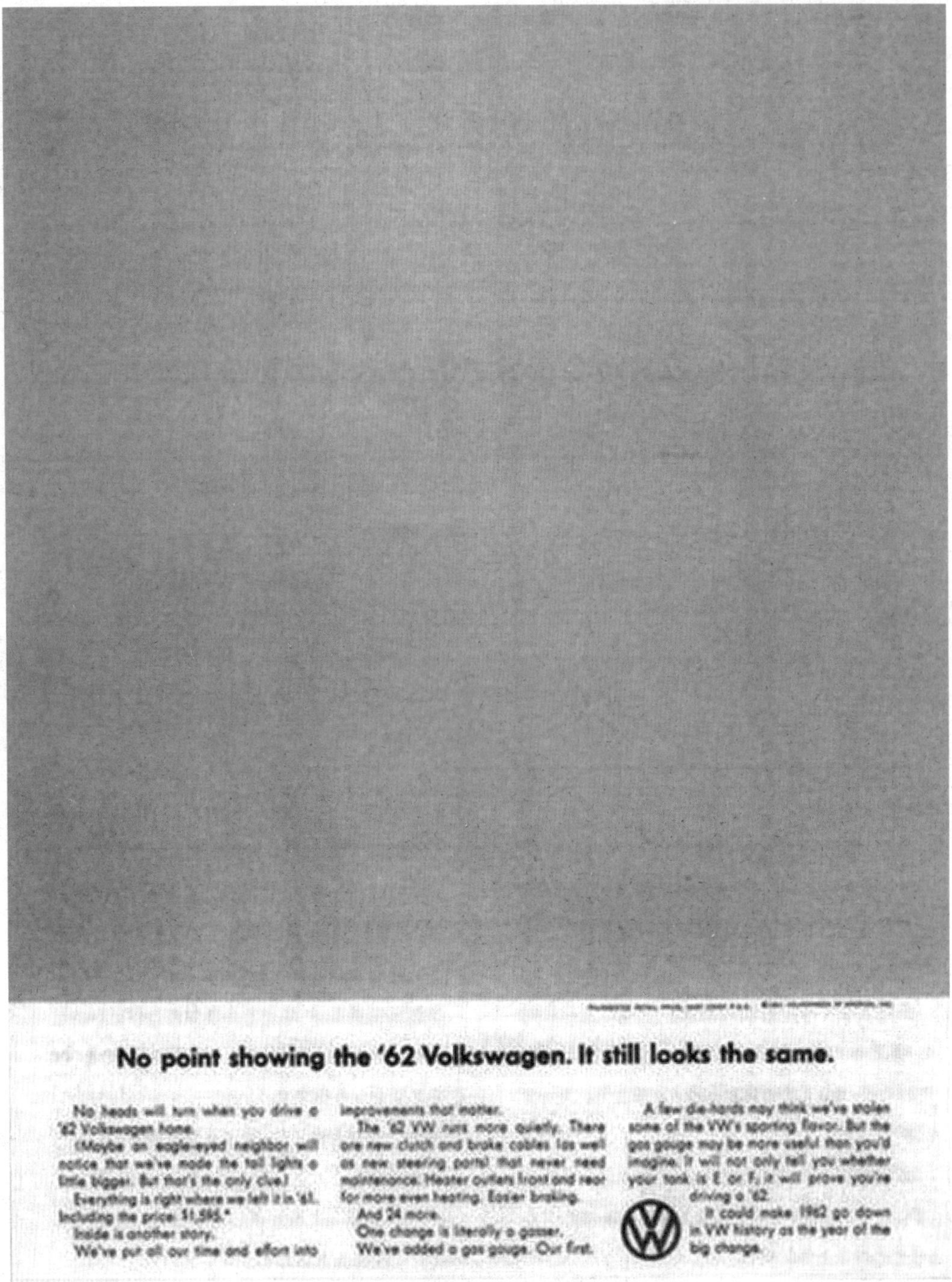

No point showing the '62 Volkswagen. It still looks the same.

No heads will turn when you drive a '62 Volkswagen home.

(Maybe an eagle-eyed neighbor will notice that we've made the tail lights a little bigger. But that's the only clue.)

Everything is right where we left it in '61. Including the price: $1,595.*

Inside is another story.

We've put all our time and effort into improvements that matter.

The '62 VW runs more quietly. There are new clutch and brake cables (as well as new steering parts) that never need maintenance. Heater outlets front and rear for more even heating. Easier braking.

And 24 more.

One change is literally a gasser.

We've added a gas gauge. Our first.

A few die-hards may think we've stolen some of the VW's sporting flavor. But the gas gauge may be more useful than you'd imagine. It will not only tell you whether your tank is E or F; it will prove you're driving a '62.

It could make 1962 go down in VW history as the year of the big change.

No point showing the '62 Volkswagen. It still looks the same.

No heads will turn when you drive a '62 Volkswagen home.

(Maybe an eagle–eyed neighbor will notice that we've made the tail lights a little bigger. But that's the only clue.)

Everything is right where we left it in '61, including the price: $1595.

Inside is another story.

We've put all our time and effort into improvements that matter.

The'62 VW runs more quietly. There are new clutch and brake cables (as well as new steering parts) that never need maintenance. Heater outlets front and rear for more even heating.Easier braking.

And 24 more.

One change is literally a gasser.

We've added a gas gouge. Our first.

A few die–hards may think we've stolen some of the VW's sporting flavor. But the gas gouge may be more useful than you'd imagine. It will not only tell you whether your tank is E or F, it will prove you're driving a'62.

It could make 1962 go down in VW history as the year of the big change.

1962 年的 VW 也没啥亮点，看起来都一样

如若你开着一辆 1962 年的 VW 回家，估计没什么太大的回头率。

（可能你家附近的某个明眼人才会注意到，我们现在的尾灯变大了些，但这就是唯一的线索了。）

我们保留了 1961 年产 VW 的一切，包括价格：1595 美元。

但内部，却又是另一回事了。

我们付诸无数时间和努力改进车的内部。

1962 年的车跑起来会更安静。离合器和刹车线（还有转向系统零部件）都无须维修保养。前后均有出风口使散热更均匀。刹车更灵敏。

拥有 24 项以上改进。

准确地说，其中一项改进就是汽油口。

我们加装了汽油表——前所未有。

一些顽固分子可能会说，我们弄没了 VW 的运动风范。但汽油表可能比您想象中更实在。它不仅能分辨出您油箱是 E 还是 F，还能证明您开的是辆 1962 年的 VW。

1962 还将作为巨大变革的一年，写进 VW 历史。

The only water a Volkswagen needs is the water you wash it with.

All car engines must be cooled. But how? Conventional cars are cooled by water. The Volkswagen engine is cooled by air.

The advantages are astonishing, when you think about it. Your Volkswagen cannot boil over in summer or freeze in winter, since air neither boils nor freezes.

You need no anti-freeze. You have no radiator problems. In fact, you have no radiator.

In midsummer traffic jams, your VW can idle indefinitely, while other cars and tempers boil.

The doughty Volkswagen engine is unique in still other ways. Its location in the rear means better traction (in mud, sand, ice, snow, where other cars skid, you go). And since it is cast of aluminum-magnesium alloys, you save weight and increase efficiency. Your VW delivers an honest 32 miles to the gallon, regular driving, regular gas.

And you will probably never need oil between changes.

The only water a Volkswagen needs is the water you wash it with.

All car engines must be cooled. But how?

Conventional cars are cooled by water. The Volkswagen engine is cooled by air.

The advantages are astonishing, when you think about it. Your Volkswagen cannot boil over in summer or freeze in winter, since air neither boils nor freezes.

You need no anti-freeze. You have no radiator problems. In fact, you have no radiator.

In midsummer traffic jams, your VW can idle indefinitely, while other cars and tempers boil.

The doughty Volkswagen engine is unique in still other ways. Its location in the rear means better traction (in mud, sand, ice, snow, where other cars skid, you go). And since it is cast of aluminum-magnesium alloys, you save weight and increase efficiency. Your VW delivers an honest 32 miles to the gallon, regular driving, regular gas.

And you will probably never need oil between changes.

VW 会用到水，但仅仅用来洗车

所有汽车引擎都需要冷却。但具体怎么做呢？通常由水来冷却。VW 却由空气来冷却。

这样做的好处想想都让人兴奋。有了空气冷却技术，你的车夏天不会沸腾，冬天不会冻结（因为空气不像水那样容易沸腾和凝固）。

你无需防冻剂。散热器不会有问题，因为没有散热器。

大夏天遇到堵车，VW 让你高枕无忧，任随其他车主和车都火气难消吧。

VW 引擎强劲，多面表现不凡。后置引擎牵引力更强（泥地、沙滩、冰面、雪地，其他车或打滑刹车，而你畅行无阻）。由铝镁合金浇铸，重量减轻，效率提升。VW 汽车实际耗油 32 英里 / 加仑，常规驾驶，普通用油。

在更换旧机油之前，几乎不必添加任何机油。

Last one to conk out is a Volkswagen.

Whenever there's a bad rainstorm, we get some priceless publicity.

The newspapers often show a Volkswagen sloshing ahead in water up to its hubcaps (while almost everyone else is waiting for the sun to come out).

We even have pictures of floating VWs. (We won't print them, though. Someone just might try to save a bridge toll and ferry his VW across a river. We don't recommend it.)

We do build the VW's bottom more like a boat than a car. But for a different reason.

We enclose the underside and seal it with rubber to protect all the working parts.

Nothing is left exposed.

Every part of the Volkswagen (from the bottom up) is put together so well that the finished car is practically air-tight. (It should be. We've been improving and refining the same basic model for 15 years.)

If your Volkswagen ever does conk out in a flood, you can be sure of one thing.

You're in mighty deep water.

Last one to conk out is a Volkswagen.

Whenever there's a bad rainstorm, we get some priceless publicity.

The newspapers often show a Volkswagen sloshing ahead in water up to its hubcaps. (While almost everyone else is waiting for the sun to come out.)

We even have pictures of floating VWs (We won't print them, though. Someone just might try to save a bridge toll and ferry his VW across the river. We don't recommend it.)

We do build the VW's bottom more like a boat than a car. But for a different reason.

We enclose the underside and seal it with rubber to protect all the working parts.

Nothing is left exposed.

Every part of the Volkswagen (from the bottom up) is put together so well that the finished car is practically air-tight. (It should be. We've been improving and refining the same basic model for 15 years.)

If your Volkswagen ever does conk out in a flood, you can be sure of one thing.

You're in mighty deep water.

扛到最后的，一定是 VW

无论何时，只要一下暴雨，我们获得的宣传机会简直是无价的。

报纸上常会登出某辆 VW 在水里跑的图片。（别的车主都只能坐等天气转晴。）

我们有大量 VW 汽车浮在水上的照片。（但我们不会把它们发布出来，不然很可能有人会为了省过桥费把车当船去渡江。我们可不建议这么做。）

我们把 VW 的底盘制作得更像船底而非车底，但设计的初衷却不是为了像一艘船。

我们封住底部并用橡胶密封，是为了保护所有的工作部件。

无一部件暴露在外。

VW 汽车每一个部件都（从上到下）合理组装，整车密闭。（理应如此。15 年来，我们一直致力于改进与完善同一基本车款。）

若你的 VW 汽车真在水中熄火了，那只会有一种可能：就是你真的进了非常深的水里。

The ex-skeptic leaning out of the Volkswagen window is a television reporter named Stanley Siegel.

Like a lot of other people he saw our floating car commercial.

Unlike a lot of other people, he tested it.

He didn't really believe that our car is made so well, it's practically airtight.

So he borrowed a Volkswagen from a local dealer, went out with a camera crew, and hoped to come back with pictures of it lying on the bottom of something called, believe it or not, Beetle Creek.

Fortunately, as you can see in the re-enactment above, that's *not* how things worked out.

What people watching station WBUK in Green Bay, Wis. saw on the news that night wasn't a sunken Volkswagen.

It was a surprised Stanley Siegel.

In fact, as he put it himself, "These things really do float."*

What's more, the VW even started up. Without any trouble. On the first try.

So as far as we're concerned, while Stanley Siegel may not have come back with the exposé he went out for, he still produced something very worthwhile.

One of the best Volkswagen commercials we've seen in a long time.

Few things in life work as well as a Volkswagen

*It definitely floats, but not indefinitely.

"A funny thing happened when I decided to expose that phony floating Volkswagen commercial."

The ex-skeptic leaning out of the Volkswagen window is a television reporter named Stanley Siegel.

Like a lot of other people he saw our floating car commercial.

Unlike a lot of other people, he tested it.

He didn't really believe that our car is made so well, it's practically airtight.

So he borrowed a Volkswagen from a local dealer; went out with a camera crew; and hoped to come back with pictures of it lying on the bottom of something called, believe it or not, Beetle Creek.

Fortunately, as you can see in the re-enactment above, that's not how things worked out.

What people watching station WLUK in Green Bay, Wis. saw on the news that night wasn't a sunken Volkswagen.

It was a surprised Stanley Siegel.

In fact, as he put it himself,"These things really do float."*

What's more, the VW even started up. Without any trouble.On the first try.

So as far as we're concerned, while Stanley Siegel may not have come back with the expose he went out for, he still produced something very worthwhile.

One of the best Volkswagen commercials we've seen in a long time.

Few things in life work as well as a Volkswagen.

“我正想要曝光 VW 车能浮在水中的虚假广告，有趣的事却发生了。”

这位把头探出 VW 车窗外的，是一名电台记者，他叫斯坦利 · 西格尔，之前一直对我们持怀疑态度。

跟许多人一样，他之前也看到了我们 VW 汽车漂浮在水中的广告。

但不像许多人那样，他亲身去实验了一番。

他之前真不太相信我们的车能造得那么好，真正达到完全密封。

于是他从当地经销商那儿借了一辆 VW 汽车，由摄制组全程跟拍，希望带着 VW 汽车横躺在水底的照片回来（不管你信不信，这条小河叫甲虫溪）。

幸运的是，正如你在图中所见，VW 汽车重现了广告中的那一幕，摄制组未能如愿以偿。

当晚在格林湾观看 WLUK 电视台的人们看到的不是一辆沉没的 VW 汽车，而是一个惊讶的电台记者——斯坦利 · 西格尔。

事实上，正如他所说：“这东西真能浮起来。”

甚至，VW 汽车还能发动起来。而且毫不费力，一次成功。

因此，虽然斯坦利 · 西格尔并没采回想曝光的内容，却带来了很有价值的东西。

这是很长时间以来 VW 最好的广告之一。

生活中，如 VW 汽车这般良好运作的东西实在少有。

If Ted Kennedy drove a Volkswagen, he'd be President today.

It floats.

The way our body is built, we'd be surprised if it didn't.

The sheet of flat steel that goes underneath every Volkswagen keeps out water, as well as dirt and salt and other nasty things that can eat away at the underside of a car. So it's watertight at the bottom.

And everybody knows it's easier to shut the door on a Volkswagen after you've rolled down the window a little. That proves it's practically airtight on top.

If it was a boat, we could call it the Water Bug.

But it's not a boat, it's a car.

And, like Mary Jo Kopechne, it's only 99 and 44/100 percent pure.

So it won't stay afloat forever. Just long enough.

Poor Teddy.

If he'd been smart enough to buy a Volkswagen, he never would have gotten into hot water.

If Ted Kenney drove a Volkswagen, he'd be President today.

It floats.

The way our body is built, we'd be surprised if it didn't.

The sheet of flat steel that goes underneath every Volkswagen keeps out water, as well as dirt and salt and other nasty things that can eat away at the underside of a car. So it's watertight at the bottom.

And everybody knows it's easier to shut the door on a Volkswagen after you've rolled down the window a little.

That proves it's practically airtight on top. If it was a boat, we could call it the Water Bug.

But it's not a boat, it's a car.

And, like Mary Jo Kopechne, it's only 99 and 44/100 percent pure. So it won't stay afloat forever. Just long enough.

Poor Teddy.

If he'd been smart enough to buy a Volkswagen, he never would have gotten into hot water.

泰德 · 肯尼迪当年要是开辆 VW，现在的总统就是他了

VW 车能浮起来。

如果你按照我们的方法制造汽车，不浮起来才怪呢。

每辆 VW 车用的都是防水钢制底盘，它还能防尘、抗腐蚀，并防止其他污垢侵蚀汽车底部。车底密闭不透水。

众所周知，要关上 VW 汽车的车门，你最好先把车窗摇下来一点。

这点证实了它密闭的优势。它要是条船的话，我们可以叫它“大水虫号”。

但它终究是车不是船。

因此，和玛丽 · 裘 · 柯培琴一样，它只有 99.44% 漂浮的几率。所以说它不能一直漂着，只是浮得时间够长①。

可怜的泰德。

要是他够明智而买一辆 VW，或许就没有这场无妄之灾了。

---

① 玛丽·裘·柯培琴(Mary Jo Kopechne)为泰德 · 肯尼迪的女秘书，在汽车落水事件中溺毙。此句的意思是:VW 有 99.44% 不沉的机会，因此玛丽同样也有 99.44% 不死的机会。

Volkswagen's unique construction keeps dampness out.
For years there have been rumors about floating Volkswagens. (The photographer claims this one stayed up for about 42 minutes.)
Why not?
The bottom of the VW isn't like ordinary car bottoms. A sheet of flat steel runs under the car, sealing the bottom fore and aft.
That's not done to make a bad boat out of it, just a better car. The sealed bottom protects a VW from water, dirt and salt. All the nasty things on the road that eventually eat up a car.
The top part of a Volkswagen is also very seaworthy. It's practically airtight. So airtight that it's hard to close the door without rolling down the window just a little bit.
But there's still one thing to keep in mind if you own a Volkswagen. Even if it could definitely float, it couldn't float indefinitely.
So drive around the big puddles. Especially if they're big enough to have a name.

Volkswagen's unique construction keeps dampness out.

For years there have been rumors about floating Volkswagens. (The photographer claims this one stayed up for 42 minutes.)

Why not?

The bottom of the Volkswagen isn't like ordinary car bottoms. A sheet of flat steel runs underneath the car, sealing the bottom fore and aft.

That's not done to make a bad boat out of it, just a better car. The sealed bottom protects a VW from water, dirt and salt.

All the nasty things on the road that eventually eat up a car.

The top part of a Volkswagen is also very seaworthy. It's practically airtight.

So airtight that it's hard to close the door without rolling down the window a bit.

But there's still one thing to keep in mind if you own a Volkswagen. Even if it could definitely float, it couldn't float indefinitely.

So drive around the big puddles. Especially if they're big enough to have a name.

VW 独特的设计横扫湿气

多年来不停传闻 VW 可以漂浮起来。（本图摄影师声明图中这辆车漂浮了 42 分钟。）

怎么会浮不起来呢？

VW 底盘与其他一般车底不同。整块钢制底盘置于汽车底部，从头到尾全密闭。

这可不是一艘破船，而是一辆好车。它的密闭车底防水、防尘又防腐蚀。

更能防止所有道路污垢入侵汽车。

VW 车身同样适航，完全密闭。

密闭的结果就是，若不先把车窗摇下来一些，关紧车门就有些困难。

但若是你拥有 VW，请务必记得，即便车能浮起来，却不会长久漂浮。

所以要是遇到大水坑[①]，尤其是那些名声在外的，最好还是绕道而行。

---

① 这里的“水坑”，似乎是作者的一种幽默，估计指的是一些比较有名又很深的河流或者湖泊。

Save water.

Presented by Volkswagen, the car with the air-cooled engine that doesn't use any.

Save water.

Presented by Volkswagen the car with the air-cooled engine that doesn't use any。

节约用水

VW 配备空气冷却引擎，无需一滴水。

ANTARCTICA
1
The first car at the bottom of the world.
The Australian National Research Expedition really had no choice.
They wanted a car that "any member of the party could hop into and drive off without a moment's hesitation."
And the Volkswagen just happens to fill the bill.
The big trick is the VW's air-cooled rear engine. It has no radiator. It uses no water or antifreeze. It just goes.
(Antarctica #1 stood for days at 50° below zero and started without a tremble.)
The rear engine gave the VW so much extra traction it climbed "straight up and down the slopes." (But they cheated a little; sometimes they used chains.)
Another reason the Volkswagen went where even the dogs wouldn't go is its sealed bottom.
It took an awful beating, but that's what it's there for. To protect the works inside against the weather outside.
Things got so fierce that one man said, "Now we know what it'll be like when Hell freezes over."
So if it ever does, you know what car to buy.

The first car at the bottom of the world.

The Australian National Research Expedition really had no choice.

They wanted a car that "any member of the party could hop into and drive off without a moment's hesitation."

And the Volkswagen just happens to fill the bill.

The big trick is the VW's air-cooled rear engine. It has no radiator. It uses no water or antifreeze. It just goes.

(Antarctica #1 stood for days in 50 degree below zero weather and started without a tremble.)

The rear engine gave the VW so much extra traction it climbed "straight up and down the slopes." (But they cheated a little; sometimes they put chains on the back wheels.)

Another reason the VW went where even the dogs wouldn't is the sealed bottom. It took an awful beating, but that's what it's there for; To protect the works inside against the weather outside.

The conditions got so fierce that one man said, "Now we know what it'll be like when Hell freezes over."

So if it ever does, you know what car to buy.

第一部出现在世界尽头的车

澳大利亚国家研究探险队确实别无选择。

他们想要的车是这样的："不管谁去都能一跃而入，立马就能开走。"

VW 恰巧满足了这份需求。

关键在于 VW 的空气冷却后置引擎。无需散热器，无需水或防冻剂，说走就走。

（南极 1 号车在零下 50 摄氏度的天气下搁置了好多天，可是一打火就发动了。）

后置引擎给予 VW 强劲的额外牵引力，据称可以直接"上山下坡"。（但是他们夸张了点，有时候这还是要在后轮加上链子才行的。）

VW 无所不能，另一缘由在于其密闭车底。车底可能被撞得很响，但这正是它存在的价值，这保护了内在器件不受外在天气侵扰。

这里气候条件如此恶劣，甚至有人感慨："现在我们知道地狱结冰是啥样了。"

所以要是世界真是那样，你也知道该买什么车了。

Every new one comes slightly used.

The road to becoming a Volkswagen is a rough one. The obstacles are many.

Some make it.

Some crack.

Those who make it are scrutinized by 8,397 inspectors. 1807 of whom are finicky women.)

They're subjected to 16,000 different inspections.

They're driven the equivalent of 3 miles on a special test stand.

Every engine is broken in.

Every transmission.

Many bugs are then plucked from the production line. Their sole function in life is to be tested and not to be sold.

We put them through water to make sure they don't leak.

We put them through mud and salt to make sure they won't rust.

They climb hills to test handbrakes and clutches.

Then comes the dreaded wind tunnel and a trip over 8 different road surfaces to check out the ride.

Torsion bars are twisted 100,000 times to make sure they torsion properly.

Keys are turned on 25,000 times to make sure they don't break off in keylocks.

And so it goes on.

200 Volkswagens are rejected every day.

It's a tough league.

Every new one comes slightly used.

The road to becoming a Volkswagen is a tough one. The obstacles are many.

Some make it.

Some crack.

Those who make it are scrutinized by 8397 inspectors. (807 of them are finicky women.)

They're subjected to 16,000 different inspections. They're driven the equivalent of 3miles on a special test stand.

Every engine is broken in.

Every transmission.

Many bugs are then plucked from the production line. Their sole function in life is to be tested and not to be sold.

We put them through water to make sure they don't rust.

They climb hills to test handbrakes and clutches.

Then comes the dreaded wind tunnel and a trip over 8 different road surfaces to check out the ride.

Torsion bars are twisted 100,000 times to make sure they don't break off in key locks.

And so it goes on.

200 Volkswagens are rejected every day.

It's a tough league.

每一部新车都会被开过一段距离

造就 VW 之路实为困难，阻碍万千。

有的车成功了。

有的车只能报废。

顺利成为 VW 的车，要历经 8397 位人员的检验。（其中有 807 位是挑剔的女性检验员。）

这些车会接受 16000 种不同检测。他们会被放置在特定试验台上进行相当于 3 英里的驾驶[①]。

每个引擎都有可能报废。

每个变速器也一样。

许多甲壳虫在生产线上被挑出来。它们存在的唯一价值就是被测试而非被出售。

我们把车弄到水里以确保它不会生锈。

让它们攀爬丘陵以测试手刹及离合器。

然后穿越强风洞，在 8 种以上不同的路面行驶，以测试驾驶状况。

扭力杆缠绕十万次以保证锁钥不被折断。

因此一切得以正常运作。

每天有 200 台 VW 车被废弃。

这 3 英里确实千难万险。

---

① 此处原文（league）是一语双关，既是 3 英里，也是美国职业球赛的各种组织、联盟。Tough league 即淘汰率高，竞争激烈的联盟。

Sooner or later, your wife will drive home one of the best reasons for owning a Volkswagen.

Women are soft and gentle, but they hit things.

If your wife hits something in a Volkswagen, it doesn't hurt you very much.

VW parts are easy to replace. And cheap. A fender comes off without dismantling half the car. A new one goes on with just ten bolts. For $24.95*, plus labor.

And a VW dealer always has the kind of fender you need. Because that's the one kind he has.

Most other VW parts are interchangeable too. Inside and out. Which means your wife isn't limited to fender smashing.

She can jab the hood. Graze the door. Or bump off the bumper.

It may make you furious, but it won't make you poor.

So when your wife goes window-shopping in a Volkswagen, don't worry.

You can conveniently replace anything she uses to stop the car.

Even the brakes.

Sooner or later, your wife will drive home one of the best reasons for owning a Volkswagen.

Women are soft and gentle, but they hit things.

If your wife hits something in a Volkswagen, it doesn't hurt you very much.

VW parts are easy to replace. And cheap. A fender comes off without dismantling half the car. A new one goes on with just ten bolts. For $24.95* plus labor.

And we'll always have the kind of fender you need. Because that's the one kind we have.

Most other VW parts are interchangeable too. Inside and out. Which means your wife isn't limited to fender smashing.

She can jab the hood. Graze the door. Or bump off the bumper.

It may make you furious, but it won't make you poor.

So when your wife goes window-shopping for a Volkswagen, don't worry about a thing.

You can conveniently replace anything she uses to stop the car.

Even the brakes.

你的夫人迟早都会自己开车回家

这是拥有 VW 车的最佳理由之一。

女人是温柔的动物，但她们开车时却老撞东西。

如果你的夫人开 VW 撞到什么东西，倒没什么好担心的。

VW 汽车零部件极易更换，且价格低廉。取出一块挡泥板也无须拆开大半边的车。只需 10 个螺栓就可以装好一个新的。只要 24.95 美元，不含劳务费。

而且你所需的任何挡泥板我们都有，因为我们也就只生产一款。

其他 VW 车部件也能更换，从里到外皆可。也就是说，你的夫人不只可以撞坏挡泥板了。

她还可以把车顶戳穿，擦坏车门，或者撞飞保险杠。

这可能令你大发雷霆，却不会让你倾家荡产。

所以要是尊夫人在 VW 的销售橱窗前观望，你完全不用担心。

不管她靠什么刹住了车，你都可以轻松更换。

甚至包括刹车本身。

You don't have to replace half the car.

You don't have to replace half the car.

A new front fender for your Volkswagen doesn't mean major surgery.

Just 10 bolts, and you're in business.

We made simple maintenance a part of the Volkswagen design while the car was still on the drawing board.

And we went a lot deeper than just replacing the fenders.

A VW dealer can remove and replace the whole engine in 90 minutes.

If you want to keep the engine and replace the car, it would take a little longer. But it's possible. Every part is in stock or on tap.

Of course, the VW dealer has an edge: most parts are interchangeable from one year to the next.

So if your 1951 VW needed a fender, it wouldn't be any more trouble for expense than if it were a 1961.

If you did need to replace a whole Volkswagen, they cost just $1,675 each. Brand new.

And you get to pick a new color.

你没必要更换大半部车

更换 VW 新款的前挡泥板并非是个大手术。

只需 10 个螺栓，你就可以开始了。

还在图纸阶段时，我们就把 VW 汽车维修的简单性考虑到了其中。

并且不仅是挡泥板，我们在可更换零部件上做出了更多努力。

任何一位 VW 经销商都能够在 90 分钟内拆卸并更换整个引擎。

如果你想把整辆车都换掉只保留引擎的话，耗时可能会长一些。但这是可以做到的。每种零部件不是现货，就是可以订购。

当然，VW 经销商的优势在于：大部分的零部件都是可替代使用的，在不同年代车款之间。

所以说如果你 1951 年产的 VW 需要个挡泥板，跟一部 1961 年的车的更换费用没什么差别。

如果你需要更换全车，也仅需 1675 美元。全新。

你还可以挑款新颜色的车。

Why so many Volkswagens live to be 100,000.

The Volkswagen isn't the kind of a car you trade in after a year or two.

It's designed and built for keeps.

The pistons in a VW travel a shorter distance per mile than almost any other car in the world. That means less wear. Engine friction and stress are so low that cruising speed is the same as top speed!

Continuity in making the same basic model year after year has led to Volkswagen's quality of assembly—the kind that a $5,000 car would be proud of; to say nothing of a car that sells for $1,565.*

Just to give you an idea: A Volkswagen is so airtight, it's a good practice to open the window before you slam the door. Even after you've had it for several years.

So, if you own a '56 or '57 VW that you've taken good care of, why would you want to trade it in for a '61—which looks just like it?

You wouldn't.

You'd keep it, and have the pleasure of seeing 99,999 on your VW's odometer turn to 00000.

Why so many Volkswagens live to be 100,000.

The Volkswagen isn't the kind of a car you trade in after a year or two.

It's designed and built for keeps.

The piston speed in a Volkswagen is slower than it is in many other cars. That means less wear. Engine friction and stress are so low that the VW's cruising speed is the same as top speed!

Continuity in making the same basic model year after year has led to Volkswagen's quality of assembly —— the kind that a $5,000 car would be proud of, to say nothing of a car that sells for $1,585.

Just to give you an idea: A Volkswagen is so airtight, it's a good practice to open the window before you slam the door. Even after several years.

So. If you own a '61 or '62 VW that you've taken good care of, why would you want to trade it in for a '66 —— which looks just like it?

You wouldn't.

You'd keep it, and have the pleasure of seeing 99,999 on you VW's Odometer turn to 00000.

为何众多 VW 车能跑到 10 万里程?

VW 可不是那种你买来只用个一两年的车。

它设计和制造出来就是准备留给你一直用的。

活塞速度较慢，这减少了磨损。发动机摩擦力及压力都很小，所以它的巡航速度和最高速度是一样的。

VW 持续生产同一基础车款，年复一年装配品质保证——以至于卖 5000 美元的车都会引以自豪，只卖 1585 美元的车更是以此为傲。

告诉你一件事：VW 车密不透风，关门前最好打开车窗。即便几年后同样如此。

所以说，要是你已经好好打理着一部 1961 年或者 1962 年出产的 VW 车，为什么还会想再买部 1966 年出产的 VW 呢——看起来没啥两样吧?

你也不会想再买的。

你会留着它，眼见着计程表上的数字，开心地从 99999 再翻到 00000。

All good things must come to an end.

Volkswagens die. Like everything else. Only some people don't believe it.

Take Mrs. Carson Brooks of Oxford, Alabama. So far her '59 has gone over 600,000 miles. And that's with only two engine transplants.

Try telling her the end is near and she'll laugh you right off the farm.

That kind of owner loyalty begins at the VW factory where 100% of production time is spent making our little bug work better and 0% is spent making it look better (see ugly picture above).

It's the only car that's put through 15,397 inspections before it's put up for sale.

It won't give you radiator problems because we never gave it a radiator.

It comes fully equipped with 35 pounds of paint to protect its top and a protective steel bottom to protect its bottom.

So when you see one that looks on its last legs, feel no pity.

It's probably led a healthier life than you have.

All good things must come to an end.

Volkswagens die. Like everything else.

Only some people don't believe it.

Take Mrs. Carson Brooks of Oxford, Alabama. So far her '59 has gone over 600,000 miles. And that's with only two engine transplants.

Try telling her the end is near and she'll laugh you−right off the farm.

That kind of owner loyalty begins at the VW factory where 100% of production time is spent making our little bug work better and 0% is spent making it look better (see ugly picture above).

It's the only car that's put through 15,397 inspections before it's put up for sale.

It won't give you radiator problem because we never gave it a radiator.

It comes fully equipped with 35 pounds of paint to protect its top and a protective steel bottom to protect its bottom.

So when you see one that looks on its last logs, feel no pity.

It's probably led a healthier life than you have.

再美好的事物终有结束的一天

VW 车终会报废。如同其他一切事物。

有些人却不信这个邪。

比如说卡尔森 · 布鲁克斯，来自亚拉巴马州牛津市。到目前为止，她那辆 1959 年产的 VW 车已经开了 60 万英里。并且只换了两次引擎。

要是你试图跟她说车就要报废了，她会在农场里嘲笑你半天。

这类车主的忠诚度始于 VW 工厂，在那里，100% 的生产线都致力于改良性能，0% 致力于改造外观（瞧瞧上面那张难看的图）。

历经 15397 项检测才会对外出售的，唯有此车。

冷却器不会有问题，因为没有冷却器。

车身 35 磅喷漆全副武装到车顶，还有防护性钢板来保护车底。

所以你若看见一部即将报废的 VW 车，不要觉得难过。

它的一生可能比你还健康、还有活力。

Every now and then a VW runs into a little trouble at the factory.

That hunk of junk was well on its way to being a Volkswagen, when it ran into a stone wall: a bunch of hard-nosed inspectors who pull enough parts off the line every day to make the equivalent of 20 cars. Or 2 freight cars full of scrap.

There are thousands of inspectors who literally pick every Volkswagen to pieces, every step of the way.

If there's a little scratch in a fender, it gets scratched. If there's a little nick in a bumper, it gets bumped.

Wherever ten people are doing something, there's an inspector to undo it. For the paint job alone, no less than 8 inspectors check every VW.

All that inspection doesn't mean the work isn't done carefully. The men who make the VW make it very well. The inspectors just make it perfect.

Every now and then a VW runs into a little trouble at the factory.

That hunk of junk was well on its way to being a Volkswagen, when it ran into a stone wall: a bunch of hard-nosed inspectors who pull enough parts off the line every day to make the equivalent of 20 cars. Or 2 freight cars full of scrap.

There are thousands of inspectors who literally pick every Volkswagen to pieces, ever step of the way.

If there's a little scratched in a fender, it gets scratched. If there's a little nick in a bumper, it gets bumped.

Wherever ten people are doing something, there's an inspector to undo it. For the paint job alone, no less than 8 inspectors check every VW.

All that inspection doesn't mean the work isn't done carefully. The men who make the VW make it very well. The inspectors just make it perfect.

VW不时会在工厂遇到点麻烦

这一大堆废片本来还好好的，并且快成为一辆VW了，可麻烦却突然来了：一群执拗的质检员每天从生产线上淘汰大量零部件，这些零件可以组装20辆整车。或者说每天弄出两货车的废料。

数千名质检员检验VW，简直就是鸡蛋里挑骨头，并且生产流程的任何环节都不放过。

如果挡泥板出现一丝刮痕，它将被刮碎淘汰。如果保险杠裂了一点，它就会被撕裂报废。

每十个干活儿的人，就有一个专门负责检查、淘汰他们的工作成果。仅喷漆一项，就有八位之多的质检员检查着每一部VW。

严格的检验工作并不意味着生产各环节就会马马虎虎。制造人员把VW打造得完好。检测人员却把VW检验到完美。

Impossible.
A Volkswagen can't boil over.
It's physically impossible.
The reason is absurdly simple: the VW's rear engine is cooled by air, not water.
Since air can't boil, neither can the car.
If you had to, you could drive a VW all day at top speed through a desert. Or edge along in bumper-to-bumper traffic on the hottest day of the year.
You may get all steamed up, but not your Volkswagen.
Chances are you'll appreciate the air-cooled engine even more in winter. Air can't freeze any more than it can boil. So you don't need anti-freeze. (You couldn't put any in a VW even if you wanted to; there's no radiator. And so no hoses to leak. No draining. No flushing. No rust.)
In the past, a few VW owners have been amused to find a perplexed gas station attendant with a bucket of water and no place to put it.
But we've taken care of that in our '61 model. This year, a windshield washer is standard equipment.
It uses water.
Let the man fill it up.

Impossible.

A Volkswagen can't boil over.

It's physically impossible.

The reason is absurdly simple: The VW's rear engine is cooled by air, not water.

Since air can't boil, neither can the car.

If you had to, you could drive a VW all day at top speed through a desert. Or edge along in bumper-to-bumper traffic on the hottest day of the year.

You may get all steamed up, but not your Volkswagen.

Chances are you'll appreciate the air-cooled engine even more in winter. Air can't freeze any more than it can boil. So you don't need anti-freeze. (You couldn't put any in a VW even if you wanted to; there's no radiator. And so no hoses to leak. No draining. No flushing. No rust.)

\In the past, few VW owners have been amused to find a perplexed gas station attendant with a bucket of water and no place to put it.

But we've taken care of that in our'61 model. This year, a windshield washer is standard equipment.

It uses water.

Let the man fill it up.

不可能

VW 不可能热得冒烟儿。

这完全不可能。

理由太简单了：VW 的后置引擎是靠空气冷却而不是靠水。

既然空气不会沸腾，汽车也不会。

如果你真想试试，可以开着 VW 以最高速度在沙漠里跑一天。或者在一年中最热的一天，加入堵车大军，像乌龟一样慢慢爬。

你可能热得冒烟儿，但 VW 不会。

在冬天你可能更欣赏气冷式的引擎。空气不会结冰，就像它不会沸腾。因此，你不需要防冻剂。（就算你想加些防冻剂，VW 也没地方加。VW 根本没有冷却器。所以没有漏水管。不会缺水，不会溢水，不会生锈。）

过去，有些 VW 的车主常常以此为乐：看着一脸迷茫的加油站服务员提着一桶水，却找不到加水口。

但是 1961 年生产的新车有些改变。这一年，挡风玻璃上的雨刷成了标准配件。

它需要水。

让服务员随便往上泼吧。

Lemon.

This Volkswagen missed the boat.

The chrome strip on the glove compartment is blemished and must be replaced. Chances are you wouldn't have noticed it; Inspector Kurt Kroner did.

There are 3,389 men at our Wolfsburg factory with only one job: to inspect Volkswagens at each stage of production. (3000 Volkswagens are produced daily; there are more inspectors than cars.)

Every shock absorber is tested (spot checking won't do), every windshield is scanned. VWs have been rejected for surface scratches barely visible to the eye.

Final inspection is really something! VW inspectors run each car off the line onto the Funktionsprüfstand (car test stand), tote up 189 check points, gun ahead to the automatic brake stand, and say "no" to one VW out of fifty.

This preoccupation with detail means the VW lasts longer and requires less maintenance, by and large, than other cars. (It also means a used VW depreciates less than any other car.)

We pluck the lemons; you get the plums.

Lemon.

This Volkswagen missed the boat.

The chrome strip on the glove compartment is blemished and must be replaced. Chances are you wouldn't have noticed it; Inspector Kurt Kroner did.

There are 3,389 men at our Wolfsburg factory with only one job: to inspect Volkswagens at each stage of production. (3000 Volkswagens are produced daily; there are more inspectors than cars.)

Every shock absorber is tested (spot checking won't do), every windshield is scanned.

VWs have been rejected for surface scratches barely visible to the eye.

Final inspection is really something! VW inspectors run each car off the line onto the Funktionsprufstand (car test stand), tote up 189 check points, gun ahead to the automatic brake stand, and say "no" to one VW out of fifty.

This preoccupation with detail means the VW lasts longer and requires less maintenance, by and large, than other cars. (It also means a used VW depreciates less than any other car.)

We pluck the lemons; you get the plums.

酸柠檬①

这部 VW 没能通过测试。

仪表板下小杂物箱中的镀铬装饰板有点损伤，必须更换。你不太可能注意到这些地方，但是检验员科特 · 克尔诺却一定会。

我们在西德沃夫堡的工厂有 3389 人专门负责一件事：在每个生产步骤中检验 VW。（我们每天生产 3000 部 VW，检验员比汽车还多。）

每一个减震器都必须经过测试（不是现场抽查的方式）。每一片挡风玻璃都要接受检验。VW 常因外表有一点肉眼几乎无法辨识出的小刮痕就被淘汰。

最后的检验更是严苛。VW 的检验员把每一部 VW 从生产线开到汽车测试站，接受 189 项检查，再冲向自动刹车站。VW 被淘汰的概率是五十分之一。

这种对细节的关注，意味着 VW 比其他的车子更加耐用，却不需要太多保养。（这也意味着 VW 旧车比其他车更不易贬值。）

我们挑出酸涩的柠檬，给你留下甘甜的李子。

---

① 柠檬在英文中代表着外表好看，却尖酸苦涩、难以食用的东西。

After 3 years, the car that cost the least costs the most.

The official Used Car Guide is full of little surprises.

To show you what we mean, we've pitted one 1966 Volkswagen against 7 popular 1966 compacts.*

Back when they were spanking new, the popular compacts sold for an average price of $610 more than the Volkswagen sedan.

You'd be amazed at how unpopular they've become in 3 years.

The same compacts now sell off a used car lot for an average of $201 less than the Volkswagen.

Of course when you stop and think about it, this really isn't surprising at all.

How appealing is a car that looks 3 years old? Compared to one that never looks old?

Or a car that gets about 14 miles per gallon? Compared to one that gets about 26?

Or a car that takes lots of oil and water? Compared to one that takes little oil and no water?

The official Used Car Guide is full of foregone conclusions.

After 3 years, the car that cost the least cost the most.

The official used car guide is full of surprises.

To show you what we mean, we've pitted one 1966 Volkswagen against 7 popular 1966 compacts*.

Back when they were spanking new, the popular compacts sold for an average price of $610 more than the Volkswagen sedan.

You'd be amazed at how unpopular they've become in 3 years.

The same compacts now sell off a used car lot for an average of $201 less than the Volkswagen.

Of course when you stop and think about it, this really isn't surprising at all.

How appealing is a car that looks 3 years old? Compared to one that never looks old?

Or a car that gets about 14 miles per gallon? Compared to one that gets about 26 ?

Or a car that takes lots of oil and water? Compared to one that takes little oil and no water?

The official Used Car Guide is full of foregone conclusions.

当初售价最低的车，三年后却售价最高

正式出版的旧车指南里面有很多让人惊讶的地方。

为了证实这个说法不假，我们把 1966 年的 VW 和 7 款流行的车子做了比较。

当它们全新出售时，这 7 款车的售价平均比 VW 高 610 美元。

如果你知道三年后它们糟糕的境况，你一定会吃惊的。

同样是那几部车，现在的售价平均比 VW 低了 201 美元。

当然，只要你仔细想想，这其实没什么奇怪的。

看起来用了三年的旧车吸引力如何？那跟一辆看起来永远不过时的车子比呢？

1 加仑大约能跑 14 英里，很不错是吗？跟一辆每加仑跑 26 英里的车子相比呢？

车子耗机油、用水，不是很正常吗？但跟一部既省机油又不用水的车子相比呢？

正式出版的旧车指南里面有很多不言自明的地方。

$850.00

A new VW is cheaper at twice the price.

A new VW at around $1700 (depending on accessories) costs less than a 4-year-old Something Else at $850. We know you wouldn't believe it. So we've proved it.

Let's say you plan to keep your next car 5 years (and drive a total of 75,000 miles). Here's how it might work out:

	New Volkswagen	Used Something Else
Price	$ 1,700	$ 850
Gas @ 32¢/gal	828 (29 mi/gal)	1,600 (15 mi/gal)
Tires @ $25 ea.	112 (40,000 mi/set)	336 (20,000 mi/set)
Oil @ 60¢ qt.	42 (27 qts fills it)	57 (needs 5 qts)
Anti-freeze	0 (air-cooled eng)	45 (water-cooled eng.)
Cost for 5 years	$ 2,682	$ 2,888

So you're at least $206 ahead on the VW. (You save an extra $100 on lower insurance and registration fees in many states. And you won't have to cure the expensive ailments that can hit an old Something Else.)

If today's market is any clue to the future, in 5 years, the 9-year-old used car won't be worth much. But the classified ads show 5-year-old VWs selling for $600 to $900, depending on their shape.

You can do even better than that: Don't sell your VW at all.

(Think of the money you'll save by driving it for 5 more years.)

A new VW is cheaper at twice the price.

How's that for an outrageous claim?

A new VW at around $1700 (depending an accessories) costs less than a 4–year–old Something Else at $850.

We knew you wouldn't believe it. So we've proved it.

Let's say you plan to keep your next car 5 years (and drive a total of 75,000 miles). Here's how it might work out:

	New Volkswagen	Used Something Else
Price	$1700	$850
Gas@32 cent/gal	828 (29 mi/gal)	1600 (15 mi/gal)
Tires@$28ea	112 (40,000 mi/set)	336 (40,000 mi/set)
Oil@60 cent qt	42 (27qts fills it)	57 (need 5 gts)
Anti–freeze	0 (air–cooled eng,)	45 (water–cooled eng.)
Cost for 5 years	$2682	$2888

So you're at least $206 ahead if you buy the VW. (We didn't even count the extra $100 it saves on a lower insurance and registration fees in many states.)

If you buy the new VW, you won't have to worry about why the first owner sold it.(And you won't have to pay for the expensive ailments that can hit an old Something Else.)

Now then. We don't have a crystal ball, but today's market is an interesting clue to the future.

After 5 years, the used car will probably be a 9–year–old candidate for the junk heap. But the VW will probably just be reaching its prime.

(Check the classified ad and you'll find 5–year–old VWs selling for $600 to $900, depending on the shape they're in.)

But you can do much better than that: Don't sell your VW at all.

(Think of all the money you'll save by driving it for another 5 years.)

新的 VW 比这个价贵一倍，但还是划算

这说法是不是有点自以为是?

一部售价 1700 美元（视附件而定）的新 VW，比一部售价 850 美元的其他品牌的、用过四年的旧车还要划算。

估计你不会相信，所以我们来证明一下。

假设下一部车你打算开五年（而且跑七万五千英里）。下面是它可能产生的结果：

	新 VW	其他品牌旧车
价格	$1700	$850
汽油 @32 美分 / 加仑	828 元（29 英里 / 加仑）	1600 元（15 英里 / 加仑）
轮胎 @ 每个 28 美元	112 元（40,000/1 组）	336 元（20,000/1 组）
机油 @60 美分 / 夸脱	42 元（只加 2.7 夸脱）	57 元（需要 5 夸脱）
防冻剂	0（气冷式发动机）	45 元（水冷式发动机）
五年消费总计	$2682	$2888

因此，只要买了 VW，你至少省下了 206 美元。（在某些州，VW 的保险费和注册费较低，还可以省下 100 美元，而我们在此根本没有计算在内。）

如果你选择买辆新的 VW，又省去了很多对二手车的担心。（你也不用花太多钱去修理那些总是这不好、那不行的二手车。）

话说，虽然我们没有水晶球，但今天的市场却为未来提供了有趣的线索。

五年之后，那部旧车或许正在以九岁高龄而参加破旧老爷车的竞选。而 VW 可能刚刚达到巅峰状态。（查一下分类广告你就会发现：五年车龄的 VW 售价通常在六百到九百美元之间，视它们的外表新旧程度而定。）

当然，更明智的做法应该不是把 VW 卖掉。（想想接下来的五年它会帮你省多少钱吧！）

It's been replaced.
For the 19th consecutive year, we've replaced the bug.
With another bug.
To those of you who expected something fancier, sorry. (The '68 looks just like the '67 crossed out above.)
To those of you who now own a VW, congratulations. (Once again your model has not gone out of style.)
To those of you who've been thinking about buying a new one, nice thinking.
The front seats are more comfortable. (They have built-in headrests.)
The windshield wipers are much more efficient. (They're larger.)
Even the shifting is easier. (We put a decal on the window to show you how.)
All in all, we feel that the 36 nice little changes on this year's Volkswagen make it the best ever.
Of course, every year we build the "perfect" Volkswagen.
And then we do a masterful job of proving ourselves wrong.

It's been replaced.

For the 19th consecutive year, we've replaced the bug.

With another bug.

To those of you who expected some thing fancier, sorry. (The '68 looks just like the '67 crossed out above.)

To those of you who now own a VW. Congratulations. (Once again your model has not gone out of style.)

To those of you who've been thinking about buying a new one, nice thinking.

The front seats are more comfortable. (They have built-in headrests.)

The windshield wipers are much more efficient. (They are larger.)

Even the shifting is easier. (We put a decal on the window to show you how.)

All in all, we feel that the 36 nice little changes on this year's Volkswagen make it the best ever.

Of course, every year we build the "perfect" Volkswagen.

And then we do a masterful job of proving ourselves wrong.

这部甲壳虫已被完全替换

我们用了连续 19 年时间，替换了这部甲壳虫。

用另一部甲壳虫来替换它。

如果你希望我们出一款拉风的车型，对不起。（1968 年的车和上面打叉的这部 1967 年的车看起来一模一样）

如果你已经拥有一部 VW，恭喜你。（你的车型依然没有过时）

如果你正在考虑买部新的 VW，好主意。

前座更加舒适。（增加了颈枕）

挡风玻璃的雨刷更好用了。（因为更大了）

甚至连换挡也更加简单。（我们把操作说明贴在了车窗玻璃上）

总之，今年的 VW 有 36 项小改变，也使它成为目前最好的 VW。

当然，我们每年都会制造出“完美”的 VW。

然后我们接下来的工作就是证明我们“错了”。

That's how many times we inspect a Volkswagen.

These are some of the ok's our little car has to get in our factory.

(It's easy to tell the ok's from the no's. One no is all you ever see.)

We pay 5,857 men just to look for things to say no to.

And no is no.

A visitor from Brazil once asked us what we were going to do about a roof that came through with a dent in it.

Dents are easy to hammer out.

So what we did shook him a little.

We smashed the roof down to a metal lump and threw it out in the scrap pile.

We stop VWs for little things that you may never notice yourself.

The fit of the lining in the roof.

The finish in a doorjamb.

In the final inspection alone, our VW has to get through 342 points without one blackball.

One out of 50 doesn't make it.

But you should see the ones that get away.

That's how many times we inspect a Volkswagen.

These are some of the ok's our little car has to get in our factory.
(It's easy to tell the ok's from the no's. One no is all you ever see.)
We pay 5857 men just to look for things to say no.
And no is no.
A visitor from Brazil once asked us what we were going to do about a roof that come through with a dent in it.
Dents are easy to hammer out.
So what we did shook him a little.
We smashed the roof down to a metal lump and threw it out in the scrap pile.
We stop VW's for little things that you may never notice yourself.
The fit of the lining in the roof.
The finish in a doorjamb.
In the final inspection alone, our VW has to get through 342 points without one blackball.
One out of 50 doesn't make it.
But you should see the ones that get away.

这就是我们检验 VW 的次数

我们的小轿车在工厂里获得了很多“OK”，这些只是其中一部分。
（OK 和 NO 很容易区分，对于一辆 VW 来说，最多只能有一个 NO。）
我们雇用了 5857 个员工，他们的工作就是检查 VW，看还有什么地方可以说“NO”。
而且 NO 真的就是 NO。
一位来自巴西的参观者曾问我们：如果刚制造出来的车顶上有个凹陷，你们怎么办?
众所周知，凹陷很容易敲平，所以我们的做法才让他大吃一惊。
我们会把车顶轧成一堆废铁。
有大量的 VW 被毁掉重做，只因为某些你可能永远不会注意到的小毛病。
比如车顶内镶板的吻合度，或者车门边柱的最后涂工。
单单在最后一道检验程序中，一部 VW 就必须通过 342 项检查，而且必须是全票通过。
50 部车中会有 1 部被淘汰。
我们真希望你能看看那些因一点点瑕疵就被回收的车子。

How to make a '54 look like a '64.

Paint it.

See? It looks like next year's model.

And next year's model looks like last year's model. And so it goes.

VWs always look the same because we change the car only to make it work better, never to make it look different.

So the people who bought '63 VWs aren't nervous about what the '64s will look like. And neither are we.

We've made over 5 million Volkswagens and we're still making changes.

Not enough to make you run out and buy a new one every year.

But enough to notice the differences when you do. (14 changes for '64 alone.)

In the meantime, no matter what year VW you own, you can always get parts easily; many of them are interchangeable from one year to the next.

So if you like, you can keep your old VW running forever.

Just spray it every few years.

Old paint rides again.

How to make a '54 look like a '64.

Paint it.

See? It looks like next year's model.

And next year's model looks like last year's model. And so it goes.

VWs always look the same because we change the car only to make it work better, never to make it look different.

So the people who bought '63 VWs aren't nervous about what the '64s will look like. And neither are we.

We've made over 5 million Volkswagens. and we're still making changes.

Not enough to make you run out and buy a new one every year.

But enough to notice the differences when you do. (14 changes for '64 alone.)

In the meantime, no matter what year VW you own, you can always get parts easily; many of them are interchangeable from one year to the next.

So if you like, you can keep your old VW running forever.

Just spray it every few years.

Old paint rides again.

如何让 1954 年的车看起来像 1964 年的？①

答案是喷漆。

看到了吗？它看起来像是明年要发布的车型。

而明年的车型和去年的车型没啥区别，而且始终如此。

VW 看起来总是那个样子，因为我们所有的努力都是用来提升它的性能，而不是让它看起来不一样。

所以买了 1963 年 VW 的人，不用担心 1964 年的车会变成什么样子，我们也一样。

我们已经生产了 500 多万部 VW，而我们依然不断地进行着改变。

这些改变并不足以让你每年买一部新车。

但只要你留意，你还是会注意到这些改变。（光 1964 年的车就有 14 项改进）

同时，不论你买的是哪一年的 VW，都很容易找到配件。许多配件是通用的，不管是在哪年的车上。

所有只要你乐意，你可以一直开着你的 VW。

只要每隔几年喷次漆就行了。

旧漆② 又上路了。

---

① 在英文原文中，共用了六次 make，而意义都略有不同。但我翻译不出这个味道来了。

② 旧漆（old paint）：是当时一部美国电影，也是该片中一匹骏马的名字。

Think small.

Our little car isn't so much of a novelty any more.

A couple of dozen college kids don't try to squeeze inside it.

The guy at the gas station doesn't ask where the gas goes.

Nobody even stares at our shape.

In fact, some people who drive our little flivver don't even think 32 miles to the gallon is going any great guns.

Or using five pints of oil instead of five quarts.

Or never needing anti-freeze.

Or racking up 40,000 miles on a set of tires.

That's because once you get used to some of our economies, you don't even think about them any more.

Except when you squeeze into a small parking spot. Or renew your small insurance. Or pay a small repair bill. Or trade in your old VW for a new one.

Think it over.

Think small

18 New York University students have gotten into a sun-roof VW; a tight fit. The Volkswagen is sensibly sized for a family. Mother, Father, and three growing kids suit it nicely.

In economy runs, the VW averages close to 50 miles per gallon. You won't do near that; after all, professional drivers have canny trade secrets. (Want to know some? Write VW, Box #65, Englewood, N. J.) Use regular gas and forget about oil between changes.

The VW is 4 feet shorter than a conventional car (yet has as much leg room up front). While other cars are doomed to roam the crowded streets, you park in tiny places.

VW spare parts are inexpensive. A new front fender (at an authorized VW dealer) is $21.75.* A cylinder head, $19.95.* The nice thing is, they're seldom needed.

A new Volkswagen sedan is $1,565.* Other than a radio and side view mirror, that includes everything you'll really need.

In 1959 about 120,000 Americans thought small and bought VWs.

Think about it.

眼界不用那么高①

（车有点小）

曾经有 18 个纽约大学的学生一起挤进了一部拆掉车顶的 VW，这样确实很挤。因为 VW 的合理空间是为一个家庭而设计的。妈妈爸爸加三个小孩子正好合适。

（用油少）

在节油车比赛中，VW 平均每加仑可跑将近五十英里。当然你不可能达到这样的纪录，毕竟职业驾驶员都有些精明的职业秘密。（想知道一些吗？写信给 VW：新泽西州，安格武德郡 65 号信箱）你只要使用普通汽油就好了，而在更换机油之前根本不必理会它。

（很短小）

VW 比传统车子短四英尺（前座却有足够的容脚空间）。当别的车子还在拥挤的街道上找车位时，你已经找到一块小地方停车了。

（费用低）

VW 的零件不贵。前叶子板（在合格的 VW 代理车行）21.75 美元，汽缸头 19.95 美元。更加美妙的是，其实你很少需要它们。

一部全新 VW 轿车 1565 美元，除了收音机和侧视镜，这车子有你所需要的一切。

1959 年大约有 12 万美国人因为眼界不高而买了 VW。

你们感受一下。

---

① Think small 在传统的翻译中被翻译成“想想还是小的好，往小里想”，但我个人觉得不是很好地表达了这个意思。

It makes your house look bigger.

Cars are getting to be bigger, so houses are getting to look smaller.

But one little Volkswagen can put everything back in its proper perspective.

A VW parked in front does big things for your house. And your garage. To say nothing of small parking spots and narrow roads.

On the other hand, a VW does make some things smaller.

Gas bills, for instance. (At 32 mpg, they'll probably be half what you pay now.)

You'll probably never add oil between changes. You'll certainly never need anti-freeze. Tires go 40,000 miles. And even insurance costs less.

One thing you'd think might be smaller in a Volkswagen is the inside.

But there's as much legroom in front of a VW as there is in the biggest cars.

When you think about it, you really have only two choices:

You can buy a bigger house for who-knows-how-much.

Or a Volkswagen for $1,675.*

It makes your house look bigger.

Cars are getting to be bigger, so houses are getting to look smaller.

But one little Volkswagen can put everything back in its proper perspective.

A VW parked in front does big things for your house. And your garage. To say nothing of small parking spots and narrow roads.

On the other hand, a VW does make some things smaller.

Gas bills, for instance. (At 32mpg, they'll probably be half what you pay now.)

You'll probably never add oil between changes. You'll certainly never need antifreeze. Tires go 40,000 miles. And even insurance costs less.

One thing you'd think might be smaller in a Volkswagen is the inside.

But there's as much legroom in front of a VW as there is in the biggest cars.

When you think about it, you really have only two choices:

You can buy a bigger house for who-knows-how-much.

Or a Volkswagen for $1,675.*

它让你的房子显得大了

现在车子变得越来越大，房子就会越看越小。

但一部小身材的 VW 就可以让一切恢复原样。

停在门前的 VW 对你的房子大有好处，对车库也一样。至于小小的停车位和窄窄的道路就更别提有多好了。

另一方面，VW 却让一些东西变小了。

比如汽油账单上的数字。（每加仑可以跑 32 英里，这可能只是你目前账单的一半。）

你根本不必在更换机油滤芯前加任何机油。你更不需要防冻剂。一组轮胎可跑 4 万英里。连保险费都低一点。

你或许会认为 VW 的某样东西比较小：车内空间。

但 VW 前座的容脚空间和最大的轿车相同。

想想看，你也许只有两种选择：

花一大笔钱买栋更大的房子。

或者花 1675 美元买一部 VW。

It does all the work, but on Saturday night which one goes to the party?

Once upon a time there was an ugly little bug. It could go about 27 miles on just one gallon of gas. It could go about 40,000 miles on just one set of tires. And it could park in tiny little crevices no bigger than a bug. It was just right for taking father to the train or the children to school. Or for taking mother to the grocery store, drugstore, dime store and all the other enchanting places that mothers go when everyone else is working.

The ugly little bug was just like one of the family. But alas, it wasn't beautiful.

So for any important occasion the ugly little bug would be replaced. By a big beautiful chariot, drawn by 300 horses!

Then after a time, a curious thing happened. The ugly little bug (which was made very sturdily) never got uglier. But the big beautiful chariot didn't exactly get more beautiful.

In fact, in a few years its beauty began to fade. Until, lo and behold, the ugly little bug didn't look as ugly as the big beautiful chariot!

The moral being: if you want to show you've gotten somewhere, get a big beautiful chariot. But if you simply want to get somewhere, get a bug.

It does all the work, but on Saturday night which one goes to the party?

Once upon a time there was an ugly little bug. It could go about 27 miles on just one gallon of gas. It could go about 40,000 miles on just one set of tires. And it could park in tiny little crevices no bigger than a bug.

It was just right for taking father to the train or the children to school. Or for taking mother to the grocery store, drugstore, dime store and all the enchanting places mothers go when everyone else is working.

The ugly little bug was just like one of the family. But alas, it wasn't beautiful.

So for any important occasion the poor ugly little bug would be replaced. By a big beautiful chariot, drawn by 300 horses!

Then after a time, a curious thing happened. The ugly little bug (which was made very sturdily) never got uglier. But the big beautiful chariot didn't exactly get more beautiful. In fact, in a few years its beauty began to fade. Until, lo and behold, the ugly little bug didn't look as ugly as the big beautiful chariot! The moral being: if you want to show you've gotten somewhere, get a big beautiful chariot. But if you simply want to get somewhere, get a bug.

它什么都做，但是周末晚上赴宴的是谁?

从前，有一部丑陋的甲壳虫。它跑 27 英里路只用一加仑汽油；它跑四万英里只损耗一组轮胎；而且它能像虫子一样在一点点缝隙里停车。

它送爸爸搭火车，送孩子们上学，也可以送妈妈到杂货店、小商店，以及在别人都上班的时候，送妈妈最爱去的地方。

这丑陋的甲壳虫就像家里的一员。可是，唉！它不好看！

因此，临到任何重要场合，这部可怜的甲壳虫就被停用。替代它的是一部 300 马力的豪华轿车。

不久之后，奇怪的事情发生了。丑陋的甲壳虫（造得十分坚固耐用）没有越变越丑。但英俊的大豪车也没有越来越好看。事实上，没过几年它的帅气就消失了。最后，你看吧！丑陋的小甲壳虫却比那辆英俊的大车子看起来还帅一点了！

这个故事告诉我的道理就是：如果你想炫富，就买一部拉风的豪华车。如果你只是想变富，就买部甲壳虫。

Pick the right day to test drive a VW and you'll have the road to yourself.

Back when the weather was better, everybody was inviting you to come in and test drive their new whatevers.

But now that the weather isn't so hot (and a test drive is really a test), the invitations have dropped off sharply.

Now maybe you can spare a little time to try out the new Volkswagen.

Not right this minute. Wait for a nice lousy day. The next time it's snowing or slushing or something like that, drive down to your VW dealer. (If you can make it in your car.)

He'll be happy to take you out and show you how a Volkswagen works when hardly anything else does.

How the weight of the motor on the rear wheels makes the VW dig in and go, in the snow or the mud, or even on ice.

As you pass all the stranded cars that passed their test drives in balmier days, he'll tell you about the VW's other cold-weather comforts.

The air-cooled motor. It doesn't freeze over, so it doesn't need anti-freeze or a winter thermostat.

And if you have to leave the car out on a cold wet night, it's got four coats of paint and a sealed bottom to keep it cozy.

You've even got an edge with a Volkswagen if the worst happens and you get stuck.

What could be easier to push?

Pick the right day to test drive a VW and you'll have the road to yourself.

Back when the weather was good, everybody was inviting you to come in and test drive their new whatevers.

But now that the weather isn't so good (and a test drive is really a test), the invitations have dropped off sharply.

Now maybe you can spare a little time to try out the new Volkswagen.

Not right this minute. Wait for a nice lousy day. The next time it's snowing or slushing or something like that, drive down to your VW dealer. (If you can make it in your car.)

He'll be happy to take you out and show you how a Volkswagen works when hardly anything else does.

How the weight of the motor on the rear wheels makes the VW dig in and go, in the snow or the mud, or even on ice.

As you pass all the stranded cars that passed their test drives in balmier days, he'll tell you about the VW's other cold–weather comforts.

The air–cooled motor. It doesn't freeze over, so it doesn't need anti–freeze or a winter thermostat.

And if you have to leave the car out on a cold night, it's got four coats of paint and a sealed bottom to keep it cozy.

You've even got an edge with a Volkswagen if the worst happens and you get stuck.

What could be easier to push?

在合适的日子开上 VW，你可以成为马路之王

天气好的时候，不管什么车，都会邀请各位去做试驾。

现在天气不好了（这时候去试驾才真正有意义），那些邀请却突然跟你玩消失了。

你也许应该抽点时间来试驾我们的新 VW。

但并不是现在，而是等到一个天气更差的日子。也许是下次下雪，或者是雪化成雪泥之后，你可以开自己的车去找附近的 VW 代理商。（希望你的车子能开到。）

VW 的代理商一定乐意带你出来，并向你展示 VW 的良好性能（在几乎所有车子都办不到的情况下）。

你会看到发动机后置的优点，它压住后轮，让 VW 能在雪地、泥地甚至冰地上咬住地面往前跑。

当你把其他艰难前行的车子都甩在后面，他会趁机向你介绍 VW 如何在寒冷的天气里让你感到舒服的。

气冷式发动机不会结冰，所以不需要防冻剂或冬季自动调温器。

就算你迫不得已让车子在户外过夜，它的四层漆和密封的车底会使它保持舒适。

就算是车子在大雪里陷住了，VW 依然有个很好的优点：比较容易推。

We finally came up with a beautiful picture of a Volkswagen.
A Volkswagen starts looking good when everything else starts looking bad.
Let's say it's late at night and you can't sleep. It's 10 below and you forgot to put antifreeze in your car.
(A Volkswagen doesn't use antifreeze. Its engine is cooled by air.)
Let's say it's now morning. You start your car and the gas gauge reads Empty.
(Even with a gallon left, you should go approximately 27 miles in a VW.)
Let's say you notice on your way out of the driveway that every other car on your block is stuck in the snow.
(A VW goes very well in snow because the engine is in the back. It gives the rear wheels much better traction.)
Let's say you make it into town and the only parking space is half a space between a snow plow and a big, fat wall.
(A VW is small enough to fit into half a parking space.)
Let's say it's now 9:15 a.m. and the only other guy in the office is your boss.
(Now what could be more beautiful than that?)

We finally came up with a beautiful picture of a Volkswagen.

A Volkswagen starts looking good when everything else starts looking bad.
Let's say it's late at night and you can't sleep. It's 10 below and you forgot to put antifreeze in your car.
(A Volkswagen doesn't use antifreeze. Its engine is cooled by air.)
Let's say it's now morning. You start your car and the gas gauge reads Empty.
(Even with a gallon left, you should go approximately 27 miles in a VW.)
Let's say you notice on your way out of the driveway that every other car in your block is stuck in the snow.
(A VW goes very well in snow because the engine is in the back. It gives the rear wheels much better traction.)
Let's say you make it into town and the only parking space is half a space between a snow plow and a big, fat wall.
(A VW is small enough to fit into half a parking space.)
Let's say it's now 9:15 a.m. and the only other guy in the office is your boss.
(Now what could be more beautiful than that?)

这场景对 VW 来说，真是美妙

VW 的美产生于比较当中。当别的车子变得糟糕的时候，VW 才会更美好。

场景一：夜深人静，你却辗转反侧。因为现在气温是零下 10 摄氏度，而你却忘了为你的车子添加防冻剂。

（VW 不需要防冻剂，它的发动机由空气冷却。）

场景二：早晨起来，你发动车子，发现没油了。

（就算只剩一加仑汽油，你还是可以开着 VW 跑上 27 英里。）

场景三：当开上马路之后，你发现其他车子全都陷在雪地里，而你的车子也未能幸免。

（VW 很适应雪地路面，因为它是后置发动机，这让后轮马力十足。）

场景四：你开车进城，发现只剩下铲雪车和墙之间有半个车位。

（VW 很小，所以可以停在那里。）

场景五：现在是上午九点十五分，而办公室里除了老板，只有你赶到了。

（人生如此，夫复何求呢？）

They said it couldn't be done. It couldn't.

We tried. Lord knows we tried. But no amount of pivoting or faking could squeeze the Philadelphia 76ers' Wilt Chamberlain into the front seat of a Volkswagen.

So if you're 7'1" tall like Wilt, our car is not for you. But maybe you're a mere 6'7".

In that case, you'd be small enough to appreciate what a big thing we've made of the Volkswagen.

There's more headroom than you'd expect. (Over 37½" from seat to roof.)

And there's more legroom in front than you'd get in a limousine. Because the engine's tucked over the rear wheels where it's out of the way (and where it can give the most traction).

You can put 2 medium-sized suitcases up front (where the engine isn't), and 3 fair-sized kids in the back seat. And you can sleep an enormous infant in back of the back seat.

Actually, there's only one part of a VW that you can't put much into. The gas tank.

But you can get about 29 miles per gallon out of it.

They said it couldn't be done.
It couldn't.

We tried. Lord knows we tried. But no amount of pivoting or faking could squeeze the Philadelphia 76ers' Wilt Chamberlain into the front seat of a Volkswagen.

So if you're 7'1" tall like Wilt, our car is not for you.

But maybe you're a mere 6'7".

In that case, you'd be small enough to appreciate what a big thing we've made of the Volkswagen.

There's more headroom than you'd expect. (Over 37 1/2" from seat to roof.)

And there's more legroom in front than you'd get in a limousine. Because the engine's tucked over the rear wheels where it's out of the way land where it can give the most traction.

You can put 2 medium–sized suitcases up front (where the engine isn't), and 3 fair–sized kids in the back seat. And you can sleep an enormous infant in back of the back seat.

Actually, there's only one part of a VW that you can't put much into.

The gas tank.

But you can get about 29 miles per gallon out of it.

他们说办不到，就是办不到

我们尽力了！上帝都知道我们真的尽力了。但是，想把费城 76 人队的威廉 · 张伯伦塞进 VW 的前座，不太可能。

所以，如果你和 NBA 的张伯伦一样高，我们的车不适合你。

但是你可能只有六英尺七英寸高。

这样的话，你的身材就让你有机会欣赏我们在 VW 上的伟大成就了。

头部空间比你想象的大。（后座椅到车底超过 37 寸半）

前座的容脚空间比任何豪车的都大。因为我们把发动机架在后轮上，所以不会挡你的脚。

你能在车前放两个中等的提箱（因为发动机不在这儿），并在后座放三个身材可观的小孩儿。你还可以让一个发育良好的小宝宝在后座的后面睡觉。

不过 VW 也有一个地方容量不大：油箱。

但是，VW 每加仑大约可以跑上 29 英里。

33 years later, he got the bug.

We're glad that most people don't wait 33 years to buy their first Volkswagen.

But Albert Gillis did, and maybe he had the right idea all along.

He didn't buy a new car for 33 years because he didn't happen to need one.

He and his 1929 Model A Ford did just fine by each other.

He always did his own repairs and even jacked it up at night to save the tires.

When he needed a new car last year, he went out and bought a Volkswagen.

"I heard they hold up," he explained.

Does he like the VW?

Mr. Gillis is 78, a Justice of the Peace, and not given to hasty decisions.

"Your inspectors sure do a good job of inspecting," was as far as he would go.

But he did mention that he and Mrs. Gillis took a trip for their 54th anniversary.

They drove 6,750 miles and spent $162 on gas and 55¢ on oil.

"I didn't think they were supposed to burn oil," he said.

33 years later, he got the bug.

We're glad that most people don't wait 33 years to buy their first Volkswagen.
But Albert Gillis did, and maybe he had the right idea all along.
He didn't buy a new car for 33 years because he didn't happen to need one.
He and his 1929 Model A Ford did just fine be each other.
He always did his own repairs and even jacked it up at night to save the tires.
When he needed a new car last year, he went out and bought a Volkswagen.
"I heard they hold up." he explained.
Does he like the VW?
Mr. Gillis is 78, a Justice of the Peace, and not given to hasty decisions.
"Your inspectors sure do a good job of inspecting," was as far as he would go.
But he did mention that he and Mrs. Gillis took a trip for their 54th anniversary.
They drove 6,750 miles and spent $62 on gas and 55 ¢ on oil.
"I didn't think they were supposed to burn oil." he said.

三十三年后，他拥有了甲壳虫

其实绝大部分消费者不必等 33 年才能购买第一部 VW，这让我们倍感欣慰。
但艾伯 · 吉利斯先生的确如此，或许是因为他一直奉行着正确的理念。
33 年来他没买过新车，因为他根本不需要新车。
他和他那辆 1929 年出产的福特 A 型车一直处得很好。
他总是亲自修车，晚上还把车子顶起来以便保护轮胎。
当他在去年需要新车时，他去买了一部 VW。
“我听说它很耐用。”他解释说。
VW 讨他喜欢吗?
吉利斯先生七十八岁高龄，是位地方执法官，行事谨慎。
“你们的检验人员的确尽职尽责。”这可能是他给 VW 唯一的评语。
不过他也确实提到他曾和太太外出旅行，为了庆祝结婚五十四周年。
他们开了 6,750 英里，耗油 62 美元，机油 5.5 美分。
他说：“我觉得它根本不耗费机油。”

After 30 Volkswagens, Father Bittman still believes.

In the beginning, Father Aloysius Bittman bought a bug.

That was in 1957 when he joined the staff of St. Anthony's Indian Mission in Mandaree, North Dakota.

Since then, Father Bittman has gone a long way. In 30 Volkswagens.

Owning two or three at a time, the Bittman staff travels 600 miles per week in each. Over dirt and gravel roads and in temperatures that have been known to go to 55 below.

A couple of Volkswagens ago, Father Bittman's '65 broke through the Garrison Reservoir ice.

"It was a good time for praying," he said.

Luckily, one 255 pound priest and one 1608 pound bug floated to safety. After the ice was chopped away and a quick oil change, the good father and his faithful companion were on their way.

He was a bit peeved about the oil change though.

"It set the Mission back $1.80," complained Father Aloysius Bittman.

After 30 Volkswagens, Father Bittman still believes.

In the beginning, Father Aloysius Bittman bought a bug.

That was in 1957 when he joined the staff of St. Anthony's Indian Mission in Mandaree, North Dakota.

Since then, Father Bittman has gone a long way. In 30 Volkswagen.

Owning two or three at a time, the Bittman staff travels 600 miles per week in each. Over dirt and gravel roads and in temperatures that go to 55 below.

A couple of Volkswagens ago, Father Bittman's'65 broke through the Garrison Reservoir ice.

"It was a good time for praying." he said.

Luckily, one 255 pound priest and one 1808 pound bug floated to safety. After the ice was chopped away and a quick oil change, the good father and his faithful companion were off.

He was a bit peeved about the oil change though.

"It set the Mission back $1.80." complained Father Aloysius Bittman.

开过三十部 VW，毕门神父更坚定了他的信念

最早的时候，阿罗修斯 · 毕门神父买了一部甲壳虫。

那是 1957 年，当时他加入了北达科他州缅德利郡的圣安东尼印第安那教区。

从此毕门神父奔波万里，先后换了三十部 VW。

毕门和他的同事们会同时保有两三部 VW，而每部 VW 每周都要跑上差不多六百英里。路上除了泥土就是碎石，气温会低至零下 55 摄氏度。

在这两部 VW 之前，毕门神父曾驾着他那部 1965 年的 VW 在格里森水库上轧破了水面的冰层。

“那一刻真是上帝保佑。” 他说。

于是一个 255 磅的牧师和一部 1808 磅的甲壳虫幸运地漂浮在水面而获救。擦掉冰渣，换上机油之后，神父和他忠诚的战友又重新上路了。

不过神父对更换机油这事儿还有点小抱怨。

毕门神父说：“这让教会多了一块八毛钱的支出。”

"It was the only thing to do after the mule died."

Three years back, the Hinsleys of Dora, Missouri, had a tough decision to make.

To buy a new mule.

Or invest in a used bug.

They weighed the two possibilities.

First there was the problem of the bitter Ozark winters. Tough on a warm-blooded mule. Not so tough on an air-cooled VW.

Then, what about the eating habits of the two contenders? Hay vs. gasoline.

As Mr. Hinsley puts it: "I get over eighty miles out of a dollar's worth of gas and I get where I want to go a lot quicker."

Then there's the road leading to their cabin. Many a mule pulling a wagon and many a conventional automobile has spent many an hour stuck in the mud.

As for shelter, a mule needs a barn. A bug doesn't. "It just sets out there all day and the paint job looks near as good as the day we got it."

Finally, there was maintenance to think about. When a mule breaks down, there's only one thing to do: Shoot it.

But if and when their bug breaks down, the Hinsleys have a Volkswagen dealer only two gallons away.

"It was the only thing to do after the mule died."

Three years back, the Hinsleys of Dora, Missouri, had a tough decision to make.

To buy a new mule.

Or invest in a used bug.

They weighed the two possibilities.

First there was the problem of the bitter Ozark winters. Tough on a warm-blooded mule. Not so tough on an air-cooled VW.

Then, what about the eating habits of the two contenders? Hay vs. gasoline.

As Mr. Hinsley puts it: "I get over eighty miles out of a dollar's worth of gas and I get where I want to go a lot quicker."

Then there's the road leading to their cabin. Many a mule pulling a wagon and many a conventional automobile has spent many an hour stuck in the mud.

As for shelter, a mule needs a barn. A bug doesn't. "It just sets out there all day and the paint job looks near as good as the day we got it."

Finally, there was maintenance to think about. When a mule breaks down, there's only one thing to do: Shoot it.

But if and when their bug breaks down, the Hinsleys have a Volkswagen dealer only two gallons away.

“骡子死了，只能如此。”

三年前，密苏里州多拉镇的辛斯里一家，面临着一个艰难的决定。

买头新骡子，还是买部二手“甲壳虫”？

他们对比了这两种方案的可行性。

第一个要考虑的问题是奥索卡严寒的冬天。这对温血的骡子而言，不胜辛苦；而对气冷式的VW而言，则无所谓。

其次是两个候选者的饮食习惯：干草PK汽油。

辛斯里先生这么表达自己的观点：“我花一块钱的汽油可以跑80多英里，而且很快。”

再次是通往他们木屋的路况。在这条路上，需要很多匹骡子才能拉动一辆马车，也有很多普通汽车一陷就是几个小时。

骡子需要一个仓库容身，“小甲壳虫”不需要。“它整天暴露在外面，漆色却跟我们刚买来时几乎一样。”

最后是保养问题。当一头骡子老了，只有一个处置方法：杀死它。

但是，如果“甲壳虫”真的出了毛病，离辛斯里家两加仑车程的地方，就有一家VW代理行。

With 34 wives, even a king has to cut a few corners.

Big, fast, expensive cars have always been a passion with royalty. But a family man like King Njiiri of Kenya probably doesn't have very much passion to spare.

Or very much money. (Things have been kind of slow lately in the king business.) Which makes him the kind of king that a Volkswagen is really fit for.

The price of a brand new one—$1639*—isn't much higher than the price of a brand new wife. And a VW is a lot cheaper to support.

It goes about 27 miles on a gallon of gas. About 40,000 miles on a set of tires.

A Volkswagen also comes apart very easily. (It only takes about twenty minutes to take off a fender, or 45 minutes to take out the whole engine.) That makes repairing it easy. And quite inexpensive.

But when it's not being taken apart, a VW holds together very nicely. So even though old ones cost a good deal, they're still a good deal.

Especially if you happen to get one that was owned by an elderly king who only used it to go to court.

With 34 wives, even a king has to cut a few corners.

Big, fast, expensive cars have always been a passion with royalty. But a family man like King Njiiri of Kenya probably doesn't have very much passion to spare.

Or very much money. (Things have been kind of slow lately in the king business.) Which makes him the kind of king that a Volkswagen is really fit for.

The price of a brand new one—$1639*—isn't much higher than the price of a brand new wife. And a VW is a lot cheaper to support.

It goes about 27 miles on a gallon of gas. About 40,000 miles on a set of tires.

A Volkswagen also comes apart very easily. (It only takes about twenty minutes to take off a fender, or 45 minutes to take out the whole engine.) That makes repairing it easy. And quite inexpensive.

But when it's not being taken apart, a VW holds together very nicely. So even though old ones cost a good deal, they're still a good deal.

Especially if you happen to get one that was owned by an elderly king who only used it to go to court.

即使是国王，养 34 个老婆也不易

如果说王室对车子有什么热衷的话，那就是更大，更快，更贵。但是像肯尼亚的尼瑞王这样妻妾成群的人，就没什么好热衷的了。

国王的财务状况更没啥好说的。（据说王室的事业最近经营惨淡。）这样的国王，与 VW 正是天生绝配。

买一部 1639 美元的新车比娶一位新娘还便宜，而供养一部 VW 就更便宜了。

它一加仑汽油大约能跑 27 英里，一组轮胎大约跑 4 万英里。

VW 很容易拆卸。（拆下一片叶子板只要 20 分钟，拆下整个引擎也只要 45 分钟。）这让它维修起来省事，也更便宜。

但是，VW 如果未被拆开，它就是个完美的组合体。所以，一辆 VW 的二手车也售价不菲，这笔生意不仅让旧车主心满意足，新买主也会心满意足。

尤其是如果你碰巧买了一部老国王的 VW 二手车（那车子的用途只是带他进宫而已），那么这笔交易就更划算了。

Which man would you vote for?

Ah yes, what could be more dazzling than watching the candidates parade about, kissing babies and flashing winning smiles.

Consider the man in the top picture.

He promises to spend your tax dollars wisely.

But see how he spends his campaign dollars.

On a very fancy convertible.

Resplendent with genuine leather seats. A big 425-horsepower engine.

And a price tag that makes it one of the most expensive convertibles you can buy.

Now consider his opponent.

He promises to spend your tax dollars wisely.

But see how he spends his campaign dollars.

On a Volkswagen Convertible.

Resplendent with a hand-fitted top. A warranty and four free diagnostic check-ups that cover you for 24 months or 24,000 miles.*

And a price tag that makes it one of the least expensive convertibles you can buy.

So maybe this year you'll find a politician who'll do what few politicians ever do:

Keep his promises before he's elected.

Which man would you vote for?

Ah yes, what could be more dazzling than watching the candidate parade about, kissing babies and flashing winning smiles.
Consider the man in the top picture.
He promises to spend your tax dollars wisely.
But see how he spends his campaign dollars.
On a very fancy convertible.
Resplendent with genuine leather seats. A big 425-horse-power engine.
And a price tag that makes it the most expensive convertible you can buy.
Now consider his opponent.
He promises to spend your tax dollars wisely.
But see how he spends his campaign dollars.
On a Volkswagen Convertible.
Resplendent with a head-lifted top.
A warranty and four free diagnostic check-ups that cover you for twenty-four months or 24,000 miles.
And a price tag that makes it the least expensive convertible you can buy.
So maybe this year you' ll find a politician who' ll do what few politicians ever do:
Keep his promises before he is elected.

你投哪一位?

最令人眼花缭乱的事，莫过于看候选人的游行。看他到处亲吻小朋友，洋溢着胜利的微笑。
上图的那个人。
他向你承诺会善用纳税人的钱。
那么，看看他怎么花他的竞选经费吧。
买一辆昂贵的敞篷车。
有着奢华的真皮座椅，还有 425 马力的大引擎。
这是世界上最昂贵的敞篷车之一。
现在考虑一下他的对手。
他向你承诺会善用纳税人的钱。
那么，再看看他怎么花他的竞选经费吧。
买一辆 VW 敞篷车。
有着华丽贴手的车顶。
有一份质保证书，在两年或 24000 英里之内有千次免费保养检查。
这是世界上最便宜的敞篷车之一。

也许今年你将发现一位政治人物，他能做到其他政治人物几乎无法做到的事：在选上之前就履行承诺。

Our car the movie star.

Our car the movie star.

You are looking at the romantic lead of a big new Hollywood picture.

Please, no autographs.

The picture is Walt Disney Studio's "The Love Bug." And our VW appears (in all its real life splendor) as Herbie, the main character.

Why would a big film studio want to make a movie star out of the bug?

Why not?

Signing one up for a lifetime costs only $1,799.* That's less than they have to pay other movie stars in a single day.

Once signed up, the bug won't suddenly start making crazy demands. (A gallon of gas for every 27 miles or so is all.)

No studio could ask for a less temperamental star. (It'll work in any weather.)

Or one with fewer bad habits. (It doesn't even drink water.)

Or one that ages so gracefully.

And of course, there isn't a performer around that's better known to the public.

Who else makes three million personal appearances on the road every day?

大牌驾到

你现在看到的这位，是最近一部好莱坞巨片中浪漫的主角。

别挤，拒绝签名。

这部片子名为《爱的甲虫》，迪士尼出品。而我们的 VW 饰演赫比这个角色，当然是一位主角。

为什么大的影视公司要把一部甲壳虫捧成明星呢？

你应该反过来问，为什么不呢？

跟它签约只需要 1799 美元，时限是一辈子。真人明星甚至一天就要花这么多钱。

签约后，这部甲壳虫不会突然提一些疯狂的要求。（每 27 英里需要一加仑左右的汽油而已。）

它不会耍大牌。（不管天气如何，它都愿意工作。）

它没有臭毛病。（甚至连水都不喝。）

它老了也那么优雅。

但它的知名度又如此之高。

因为它每天会在马路上出现三百万次。

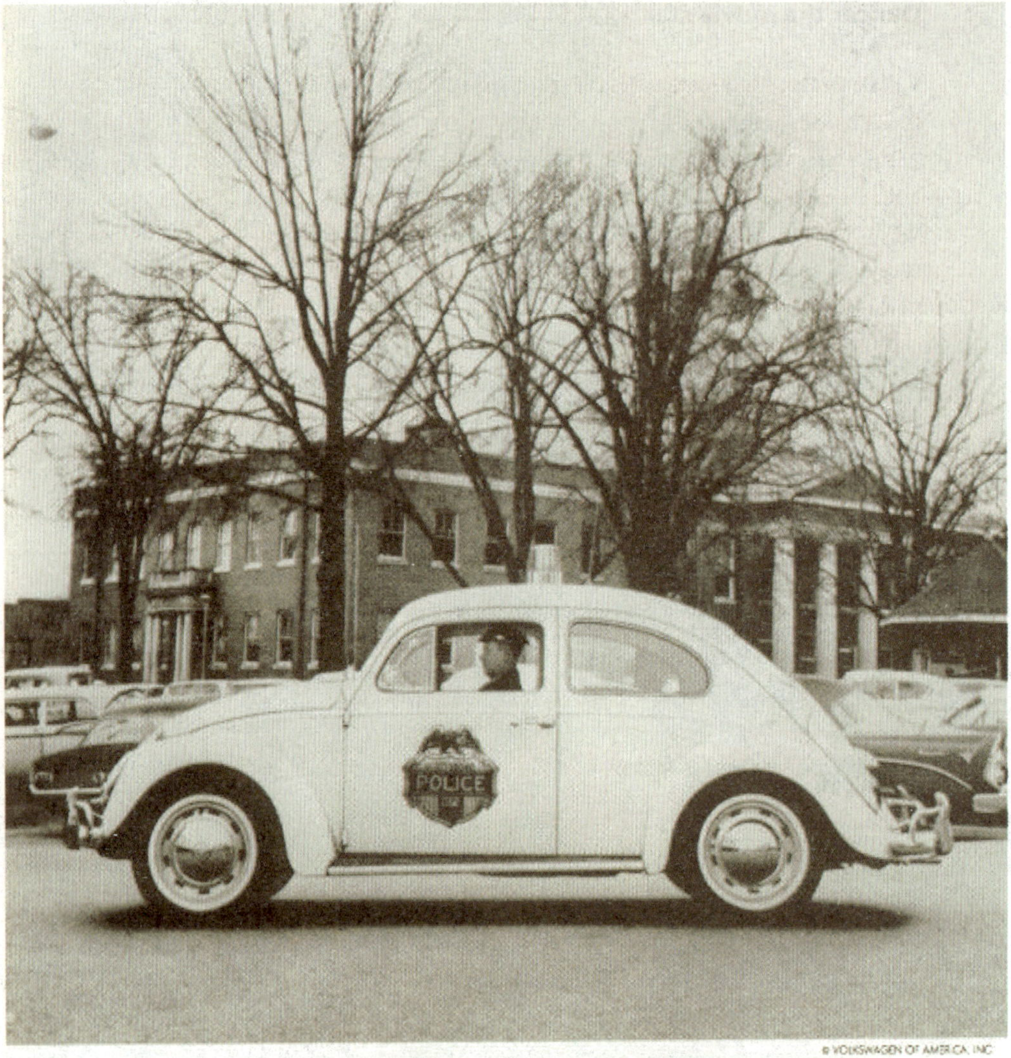

Don't laugh.

A Volkswagen police car may seem like a funny idea to you, but it makes a lot of sense to the city of Scottsboro, Alabama.

They wanted a car that could take Police Officer H. L. Wilkerson on parking meter patrol; all day, 6 days a week, in stop-and-go traffic. Without breaking down. And without breaking the taxpayers.

So, in 1964, they bought Car S-5: a VW with a dome light, siren, and 2-way radio.

That was the year of Scottsboro's only 12" snowfall. The other police cars were in trouble up to their hubcaps. But Car S-5 was a credit to the Force. It went uphill. And downhill. And Officer Wilkerson didn't even bother to put the chains on.

Officer Wilkerson isn't supposed to go after speeders. But one day (in 1965) he chased one. And caught him. It's hard to say who was more surprised.

Car S-5 still averages 29 miles per gallon. It still doesn't use any oil between changes. And it's never had a breakdown.

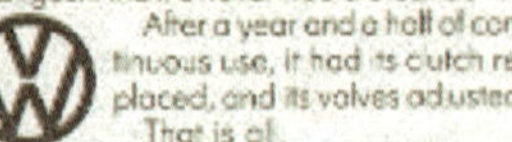

After a year and a half of continuous use, it had its clutch replaced, and its valves adjusted.

That is all.

Don't laugh.

A Volkswagen police cruiser may seem like a funny idea to you, but it makes a lot of sense to the city of Saint John, New Brunswick.

They wanted a car that could take a 285–pound, 6 footer like Officer Doug Titus on traffic duty, 7 days a week, in grueling stop–and–start traffic. A car that could maneuver easily through Saint John's narrow streets and twisting lanes. Without breaking down. And without breaking the taxpayers.

So, in 1964 they bought Car S–5, a VW with a dome light, siren and 2–way radio.

1965 was the year of Saint John's worst winter in years. The city's steep hills were covered with slippery slush and dangerous glare ice. But Car S–5 was a credit to the force. It went uphill. And downhill. And Officer Titus was able to look after police calls while the big police cruisers were still up to their hubcaps in trouble.

Car S–5 still uses so little gas that the department doesn't even bother to keep an exact count. It still doesn't need oil between changes. And it's never had a breakdown.

After two years of continuous use, Car S–5 has only had its clutch replaced and regular tune–ups and maintenance work done.

That is all.

不要笑

VW 警车，对你来说可能有点搞笑。但是对新布伦瑞克省圣约翰市而言，却是合情合理的。

他们需要一部这样的车子：可以载着像道格这样体重 285 磅，身高 6 英尺的警官去巡逻；可以在圣约翰市宛如羊肠的狭窄道路中灵活进退；可以应对那逆天的堵车状况。但不能抛锚，也不能惹怒纳税人。

所以，他们在 1964 年购置 S–5 号：一部配有车顶闪示灯、警笛和双向无线电的 VW。

1965 年，圣约翰市迎来了一个糟糕的冬天。全城都被冰雪覆盖，变成了一个溜冰场。其他的警车都陷在雪中，大雪覆盖了他们的轮毂。但是 S–5 号车保全了警察的声誉。它登高、爬低，让道格警官圆满完成了各项任务。

S–5 号依然非常省油，所以警局从未为它准备应急汽油。在更换机油之前，也不需要添加任何机油，而且未曾抛过锚。

在连续使用两年之后，它只换了一套离合器，并做了一些例行保养。

仅此而已。

One hour later, it won't get hungry again.

If you need a car to make food deliveries with, doesn't it make sense to use one that won't eat up much profit?

It did to Mr. Chuck Lew, Chinese restaurateur, White Plains, New York.

His honorable Volkswagen has been delivering everything from wonton soup to leechee nuts for close to two years.

All the while averaging 25 miles to a gallon of gas, using pints of oil instead of quarts, and no water or antifreeze.

Since it can't boil over or freeze under, the egg foo gets wherever it's going while it's still young.

Since we never change the way the car looks, spare parts are as readily available from his Volkswagen dealer as are spare ribs from his restaurant.

And since Mr. Lew charges a 50¢ delivery fee and uses a car that costs roughly one-fourth of that for the average trip, he'd be crazy to trade it in.

Even for all the tea in China.

One hour later, it won't get hungry again.

If you need a car to make food deliveries with, doesn't it make sense to use one that won't eat up much profit?

It did to Mr. Chuck Lew, Chinese restaurateur, White Plains, New York.

His honorable Volkswagen has been delivering everything from wonton soup to leechee nets for close to two years.

All the while averaging 25 miles to a gallon of gas, using pints of oil instead of quarts, and no water or antifreeze.

Since it can't boil over or freeze under, the egg foo gets wherever it's going while it's still young.

Since we never change the way the car looks, spare parts are as readily available from his Volkswagen dealer as are spare ribs from his restaurant.

And since Mr. Lew charges a 50 ¢ delivery fee and uses a car that costs roughly one-fourth of that for the average trip, he'd be crazy to trade it in.

Even for all the tea in China.

它不会在一小时之后又叫肚子饿

如果你需要一部车来送餐，那最好选择一部保养费便宜的车。

纽约白源镇的中餐馆老板查克 · 刘也是这么想的。

这两年来，他送餐的内容从馄饨汤到荔枝无所不包。

而这些全部是用他那部彪悍的 VW 来送的，这部车子每加仑汽油平均可跑 25 英里，机油用量只有几品脱——而非数夸脱。同时既不用加水，也无需防冻剂。

因为这家伙既不会沸腾冒烟抛锚，也不会被冻住。所以芙蓉蛋送到哪里都能保持鲜美。

因为我们从不改变它的外形，所以从 VW 代理商那里购买备用零件，就像从刘老板的餐馆里点块猪排一样简单。

刘老板送一次餐收费 5 美元，而这辆车每次送餐的费用不过 1 美元多一点。所以，除非头脑发热，否则他是不会转手这辆 VW 的。

即使以全中国出产的茶来换也不会。

There are no real Volkswagen taxis. But there is one very good fake.

Think it over, New York, Chicago, San Francisco.

We drove our Volkswagen taxi through town on the way to get its picture taken.

And did we stop traffic!

You'd think it was the first sensible thing people had ever seen. And maybe it was.

A VW is 4 feet shorter than other cabs.

So a whole fleet of them is as good as getting miles of extra streets for free.

Because they're shorter, VWs get out of the way quicker. So traffic doesn't get all balled up while some lady hunts for a 5c tip.

The people who'd run Volkswagens could buy a lot more cabs for their money and run each one for a lot less, too.

They wouldn't need antifreeze in winter and they could forget about boiling over in summer; the VW engine is air-cooled.

Above all, the two passengers and the driver of a VW cab would have more fun than any other three people in town.

It may sound peculiar to you to stand on a corner and yell, "Volkswagen!"

But it sounds beautiful to us.

There are no real Volkswagen taxis. But there is one very good fake.

Think it over, New York, Chicago, San Francisco.

We drove our Volkswagen taxi through town on the way to get its picture taken.

And did we stop traffic!

You'd think it was the first sensible thing people had ever seen. And maybe it was.

A VW is 4 feet shorter than other cabs.

So a whole fleet of them is as good as getting miles of extra streets for free.

Because they're shorter, VWs get out of the way quicker. So traffic doesn't get all balled up while some lady hunts for a 5c tip.

The people who'd run Volkswagens could buy a lot more cabs for their money and run each one for a lot less, too.

They wouldn't need antifreeze in winter and they could forget about boiling over in summer; the VW engine is air-cooled.

Above all, the two passengers and the driver of a VW cab would have more fun than any other three people in town.

It may sound peculiar to you to stand on a corner and yell, "Volkswagen!"

But it sounds beautiful to us.

虽然没有真的 VW 出租车，但我们搞了一辆冒牌的。

想一想纽约、芝加哥和旧金山的交通现状吧

为了制作这张广告，我们曾经驾驶这辆 VW 出租车，穿过市镇，去拍摄它的照片。

我们肯定阻碍交通了！

这种想法非常合情合理，也曾是大家的第一反应。可能过去确实会是这样。

但 VW 比其他的小汽车短 4 英尺。因此，如果全城的出租车都是 VW，那就等于凭空省出了几英里长的道路。

因为 VW 车身较短，所以它们可以很快上路。交通因此一路顺畅，某些女士甚至会多拿 5 美分做小费呢。

愿意用 VW 来当出租车的人，可以用同样的钱多买几部，而且车子的维护成本也会大大减少。

它们冬天不需要防冻剂，夏天发动机也不会过热，因为 VW 的发动机是气冷式的。

最重要的是：坐在 VW 里的两个乘客加上司机，将是这个城市中最快乐的三个人。

你站在街角大叫：“Volkswagen！”也许会感觉怪怪的，但对我们来说这真是妙不可言。

There's a bit of the beast in every bug.

It doesn't take much to unleash the savage fury of a Volkswagen.

Take almost any old VW, replace the body, make a few simple adjustments, and you've got a Formula Vee racer.

How can a mild-mannered, practical, everyday Volkswagen convert so easily into something so delightfully impractical?

In the words of the Formula Vee International Manual, "Volkswagen components seem to have been made expressly for use in a racing car."

"The engine, air-cooled and mostly aluminum, is light for its power output and already adapted to the rear-engine concept of modern racing cars."

"Its rugged construction provides a power plant which seems to be practically indestructible, even at racing speeds."

"Operating costs are amazingly low. One set of tires will ordinarily last more than a season and one oil change a year is sufficient."

It seems that the same things that make the VW a sensible car for people who aren't in any particular hurry to get somewhere also make the Formula Vee a sensible car for people who are in a big hurry to get nowhere.

There's a bit of the beast in every bug.

It doesn't take much to unleash the savage fury of a Volkswagen.

Take almost any old VW, replace the body, make a few simple adjustments, and you've got a Formula Vee racer.

How can a mild-mannered, practical, everyday Volkswagen convert so easily into something so delightfully impractical?

In the words of the Formula Vee International Manual: "Volkswagen components seem to have been made expressly for use in a racing car."

"The engine, air-cooled and mostly aluminum, is light for its power output and already adapted to the rear-engine concept of modern racing cars."

"Its rugged construction provides a power plant which seems to be practically indestructible, even at racing speeds."

"Operating costs are amazingly low."

"One set of tires will ordinarily last more than a season and one oil change a year is sufficient."

It seems that the same things that make the VW a sensible car for people who aren't in an hurry to get somewhere also make the Formula Vee sensible for people who are in a big hurry to get nowhere.

每部甲壳虫都有点兽性

让一部甲壳虫咆哮起来并不费劲。

随便搞一部旧的甲壳虫，只要更换车身，做些简单的调整，然后你就拥有一部大众方程式赛车了。

一部温文尔雅、实用可靠的家用 VW，怎么会这么容易就变成一部狂野的赛车呢？

根据大众方程式赛车国际手册的说法：“VW 的部件，看起来完全是为了上赛车跑道而制造的。”

“气冷式引擎，主要成分为铝合金，重量轻，输出马力大，并且已采用现代跑车的引擎后置理念。”

“它像一座牢固的发电厂，即使以赛车的速度行驶，也无法将它摧毁。”

“养车费用低得惊人。一组轮胎通常可支持三个月以上，而一年只要更换一次机油即可。”

那些不慌不忙去一个地方的人会觉得 VW 挺好，而那些急急忙忙却不去任何地方的人也会觉得把它当大众方程式赛车挺好。

It's a bird. It's a plane. It's a Volkswagen?

It's a bird. It's a plane. It's a Volkswagen?

That little plane up high in the sky is run by the same engine that runs our little car back down on the ground.

It belongs to Bob Ladd of Deer Park, N.Y.

And Bob belongs to a growing number of enthusiasts who happen to think there's only one way to fly. Via Volkswagen.

And why not?

A Volkswagen engine is dependable. (It's been dependable in over 10 million vehicles that never got off the ground.)

It's lightweight. (A nice feature to have at 10,000 feet.)

It's air-cooled. (No water or antifreeze to worry about.)

And most important of all, it doesn't drink much gas. (40 or 45 mpg seems to be what most flying VWs average.)

Safer Motoring Magazine calls a VW-powered aircraft from England "the most economical plane in the world today."

On one hand, we're thrilled to hear we're doing so well high in the sky.

On the other, we don't recommend it. (In fact, we're against it.)

After all, if we had really meant the Volkswagen to fly, we would have made it look more like a bird.

And less like a bug.

小鸟，飞机，甲壳虫？

高高飞在天边的那架小飞机，和我们在地上跑的一部小车子，用的是完全相同的引擎。

这部小车子属于纽约鹿苑镇的鲍伯 · 雷德。

鲍伯是一个彻底的狂热分子（而这样的狂热分子人数正日益增加），他们突发奇想：通过甲壳虫飞起来。

这想法似乎也有道理。

甲壳虫的引擎很可靠。(其可靠性在上千万的交通工具中得到了验证，虽然它们都是在地面行驶的。)

它不重。（这在一万英尺的高度上可是突出的优点。）

它是气冷式的。（不必担心水或防冻剂的问题。）

最重要的是：它耗油不多。（大部分会飞的甲壳虫，每加仑大概行驶 40 到 45 英里。）

曾有一架英国的以甲壳虫引擎为动力的飞机，被安全摩托杂志评为“当今最经济的飞机”。

这让我们还挺震惊的：甲壳虫在天上居然表现得那么好。

但我们并（jian）不 (jue) 推 (fan) 荐 (dui)。

如果我们当初真想让甲壳虫飞，我们早就把它造得像只小鸟了。

而不是像只甲虫。

The $35,000 Volkswagen.

Have we gone stark raving mad?

No, but when we heard this car was on display at the Los Angeles International Auto Show, we thought somebody had.

As it turned out, there was a method to the owner's madness.

Why not transform the world's best known economy car into the world's most economical limousine?

After all, a lot of the things that make great luxury cars great are already there in the humble Little Bug:

Like 23 years of perfecting every single part of the car.

And subjecting it to over 16,000 different inspections before we sell it to you.

And having it worth lots of money to you when you sell it to someone else.

So why not stretch it out to limo length?

Why not add an intercom, bar and mahogany woodwork and tufted English upholstery and a carriage lamp to signal the doorman?

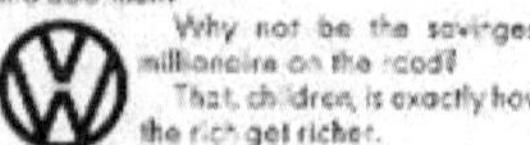

Why not be the savingest millionaire on the road?

That, children, is exactly how the rich get richer.

The $35,000 Volkswagen.

Have we gone stark raving mad?

No, but when we heard this car was on display at the Los Angeles International Auto Show, we thought somebody had.

As it turned out, there was a method to the owner's madness.

Why not transform the world's best known economy car into the world's most economical limousine?

After all, a lot of the things that make great luxury cars great are already there in the humble little Bug:

Like 23 years of perfecting every single part of the car.

And subjecting it to over 16,000 different inspections before we sell it to you.

And having it worth lots of money to you when you sell it to someone else.

So why not stretch it out to limo length?

Why not add an intercom, bar and mahogany woodwork and tufted English upholstery and a carriage lamp?

Why not be the savingest millionaire on the road?

That, children, is exactly how the rich get richer.

价值 35,000 美元的 VW

是我们头脑发热吗?

没有。但是当我们听到这一部车在洛杉矶车展上展示，我们觉得有人是头脑发热了。

结果是，我们发现了一种让车主疯狂的方法。

为何不把全世界最负盛名的经济小汽车，改造成世界上最经济的大轿车呢?

毕竟有许多促使硕大（great）奢侈的汽车高贵伟大（great）的条件，早已存在于那谦卑的小甲壳虫身上了。

例如：改良车上的每一部分，达 23 年之久。

例如：在出售之前，这部车子要接受 16000 种不同的检验。

例如：当你要转售这部车子时，我们使它的价值提高许多。

何不把它加长到大轿车的长度?

何不添加对讲机、吧台、桃花心木制品、加饰的英国座垫以及通知门侍的马车灯?

何不当一个马路上最节俭的百万富翁呢?

孩子，这正是富者愈富之道。

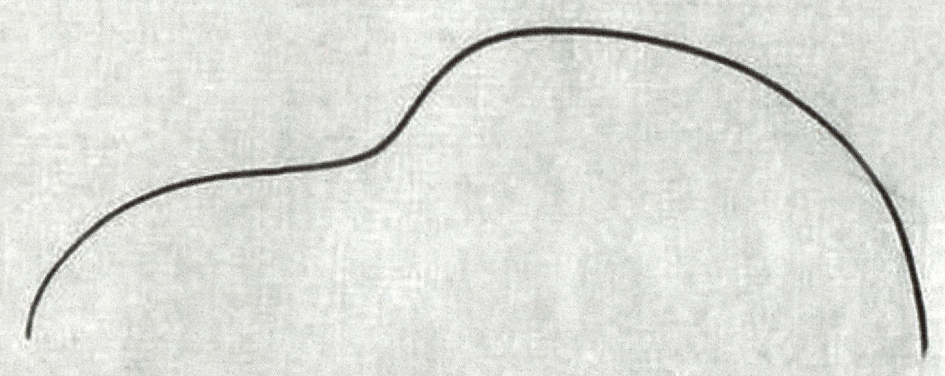

How much longer can we hand you this line?

Forever, we hope.

Because we don't ever intend to change the Volkswagen's shape.

We play by our own set of rules.

The only reason we change the VW is to make it work even better.

The money we don't spend on outside changes we do spend inside the car.

This system gives us an immense advantage: Time.

We have time to improve parts and still keep most of them interchangeable.

(Which is why it's so easy to get VW parts, and why VW mechanics don't wake up screaming.)

We have time to put an immense amount of hand work into each VW, and to finish each one like a $6,000 machine.

And this system has also kept the price almost the same over the years.

Some cars keep changing and stay the same.

Volkswagens stay the same and keep changing.

How much longer can we hand you this line?

Forever, we hope.

Because we don't ever instend to change the Volkswagen's shape.

We play by our own set of rules.

The only reason we change the VW is to make it work even better.

The money we don't spend on outside changes we do spend inside the car.

This system gives us an immense advantage: Time.

We have time to improve parts and still keep most of them interchangeable.

(Which is why it's so easy to get VW parts, and why VW mechanics don't wake up screaming.)

We have time to put an immense amount of hand work into each VW, and to finish each one like a $6,000 machine.

And this system has also kept the price almost the same over the years.

Some cars keep changing and stay the same.

Volkswagens stay the same and keep changing.

这条曲线还能传承多久?

我们希望它永不消失。

对于改造 VW 的外形，我们从未动过这个念头。

我们有自己的一套行事原则和价值观。

也许我们改变 VW 的唯一理由是让它性能更好。

我们的钱都投在了对 VW 内部性能的改造上，而不是外形。

这样做的回报如此丰厚：我们用省下的时间来改良零部件，并让大部分零部件可以通用。

（VW 的零部件因此极易获得，这让 VW 的维修工们甚至整日无事可做。）

每一部 VW 的完成都有大量的纯手工工艺，所以这家伙真像是一部价值 6000 美元的机器。

这一套做法使得 VW 售价多年来几乎不变。

有些车子，年年改变，依然是老样子。

VW，始终是老样子，却不断改变。

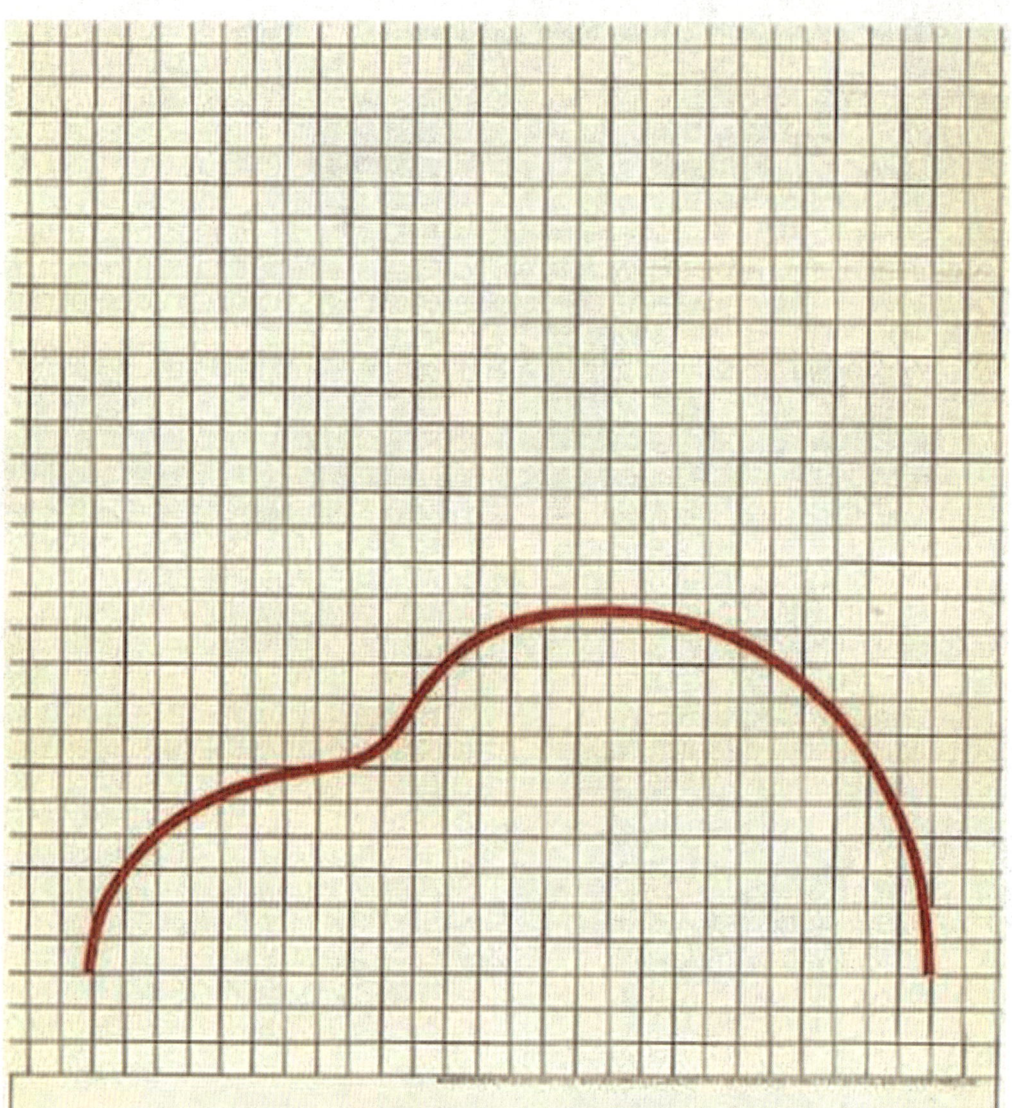
Is the economy trying to tell you something?

Is the economy trying to tell you something?

If you've hesitated about buying a new car because of the economy, maybe you should look into the economy of buying a new Volkswagen.

To begin with, while the average new car sells for about $3185, a new VW sells for only $1839*.

That saves you about $1300.

Then, while the average car costs 10.9 cents a mile to run, a Volkswagen costs only 5 cents.

That saves you about another $700 every year (or 12,000 miles) you drive.

And in just one year, it can bring your total savings to $2000.

In two years, $2700.

In three, $3400.

Happy days are here again.

算账

你对买什么车还没拿定主意吗？如果你是出于财务上的考虑，我们不妨来算一算购买一部新VW 的经济账。

首先，一般新车售价约为 3185 美元，而新的 VW 只卖 1839 美元。

这就为你省下了大约 1300 美元。

其次，一般车子每跑 1 英里要花费 1 角零 9 分钱，而 VW 只花 5 美分。

这又为你每年省下 700 美元。（以一年开 12000 英里计算。）

一年下来，它就能为你省下 2000 美元。

两年：2700 美元。

三年：3400 美元。

好日子又来了！

V-V-Volkswagen announces air conditioning.

Along with every air-cooled VW engine you can now get an air-cooled VW.

Which, of course, is not exactly the kind of news that's going to stun the automotive industry.

But what is nice to know is that a 4-speed VW with a 3-speed air conditioner will only cost you a little over $2,000.

(The average car sold today with just a heater goes for $3,000.)

Air conditioning is one of approximately 80 optional accessories made especially for our cars.

For ski bugs we have ski racks.

For music bugs, the luxury of an FM-AM radio.

For travel bugs, clothes hangers and mud flaps.

And where, you may ask, may all these princely pleasures be found?

At any Volkswagen dealer's.

Where else could you step into a $2,000 automobile and get a breath of fresh air?

V-V-Volkswagen announces air conditioning.

Along with every air-cooled VW engine you can now get an air-cooled VW.

Which, of course, is not exactly the kind of news that's going to stun the automotive industry.

But what is nice to know is that a 4-speed VW with a 3-speed air conditioner will only cost you a little over $2,000.

(The average car sold today with just a heater goes for $3,000.)

Air conditioning is one of approximately 80 optional accessories made especially for our cars.

For ski bugs we have ski racks.

For music bugs, the luxury of an FM-AM radio.

For travel bugs, clothes hangers and mud flaps.

And where, you may ask, may all these princely pleasures be found?

At any Volkswagen dealer's.

Where else could you step into a $2,000 automobile and get a breath of fresh air?

V-V-VW 推出车内空调

从前，你的发动机一直用空气冷却；现在，你的车内也可以用空气冷却了。

当然，这并不是什么震惊汽车界的大新闻。

但你有必要了解的是：具有三挡空调的四挡变速 VW，才 2000 美元。

（要知道，那些只有加热装置的车子，目前售价都要 3000 美元。）

我们备有近 80 种可选配置，空调只是其中之一。

我们为滑雪控准备了雪橇架。

我们为音乐控准备了豪华的 FM-AM 收音机。

我们为旅行控准备了衣架和挡泥板。

你可能会问：这些奢侈的享受可以在哪里找到？

在任何一位 VW 经销商那里。

除此之外，哪里还有这样的地方能给你一部 2000 美元的汽车，却能享受四季如春呢？

Our image.

Once upon a time, a young lady visited our plant. (In our view, the more the merrier.)

"What a sweet little car," she said. "It looks just like a beetle."

Now we're a pretty down-to-earth bunch.

At that moment we were figuring how much larger our brake-area would have to be if we stepped up our horsepower.

She stopped us cold.

After we'd made some discreet inquiries, we found out that a good many people shared her opinion.

But we also found out that people never said "beetle" nastily.

Always affectionately.

So we grew resigned to our nickname, and finally rather pleased with it.

It seems to say a lot about our attitude to car-making: determined, painstaking, unpretentious.

After all, some people try like mad to create a favorable impression.

We'd simply tried to make the Volkswagen a practical car.

And we'd gotten our very own image.

Our image.

Once upon a time, a young lady visited our plant. (In our view, the more the merrier.)

"What a sweet little car," she said. "It looks just like a beetle."

Now we're a pretty down–to–earth bunch.

At that moment we were figuring how much larger our brake–area would have to be if we stepped up our horsepower.

She stopped us cold.

After we'd made some discreet inquiries we found out that a good many people shared her opinion.

But we also found out that people never said "beetle" nastily.

Always affectionately.

So we grew resigned to our nickname, and finally rather pleased with it.

It seems to say a lot about our attitude to car–making: determined, painstaking, unpretentious.

After all, some people try like mad to create a favorable impression.

We'd simply tried to make the Volkswagen a practical car.

And we'd gotten our very own image.

我们的形象

从前，有一位年轻女士参观我们的工厂。（我们觉得，来我们工厂参观的人越多越好。）

她说道："好可爱的小汽车，真像只甲壳虫。"

虽然现在我们成了一个超实在的种族。而在当时，我们正在计算如果加强马力，刹车距离将加长多少。

不过她的话吸引了我们的注意力。

我们做了一些深入的调查之后，发现很多人和她持有同样的看法。

但我们也发现人们在说"甲壳虫"时总是很亲切的。

我们愉快地接受了这个外号。

因为我们制造汽车的态度确实像一只甲壳虫：果决，吃苦，不矫饰。

有些人热衷于塑造讨人喜欢的形象。

而我们只是努力造一部实用的车子。

这就是我们的形象。

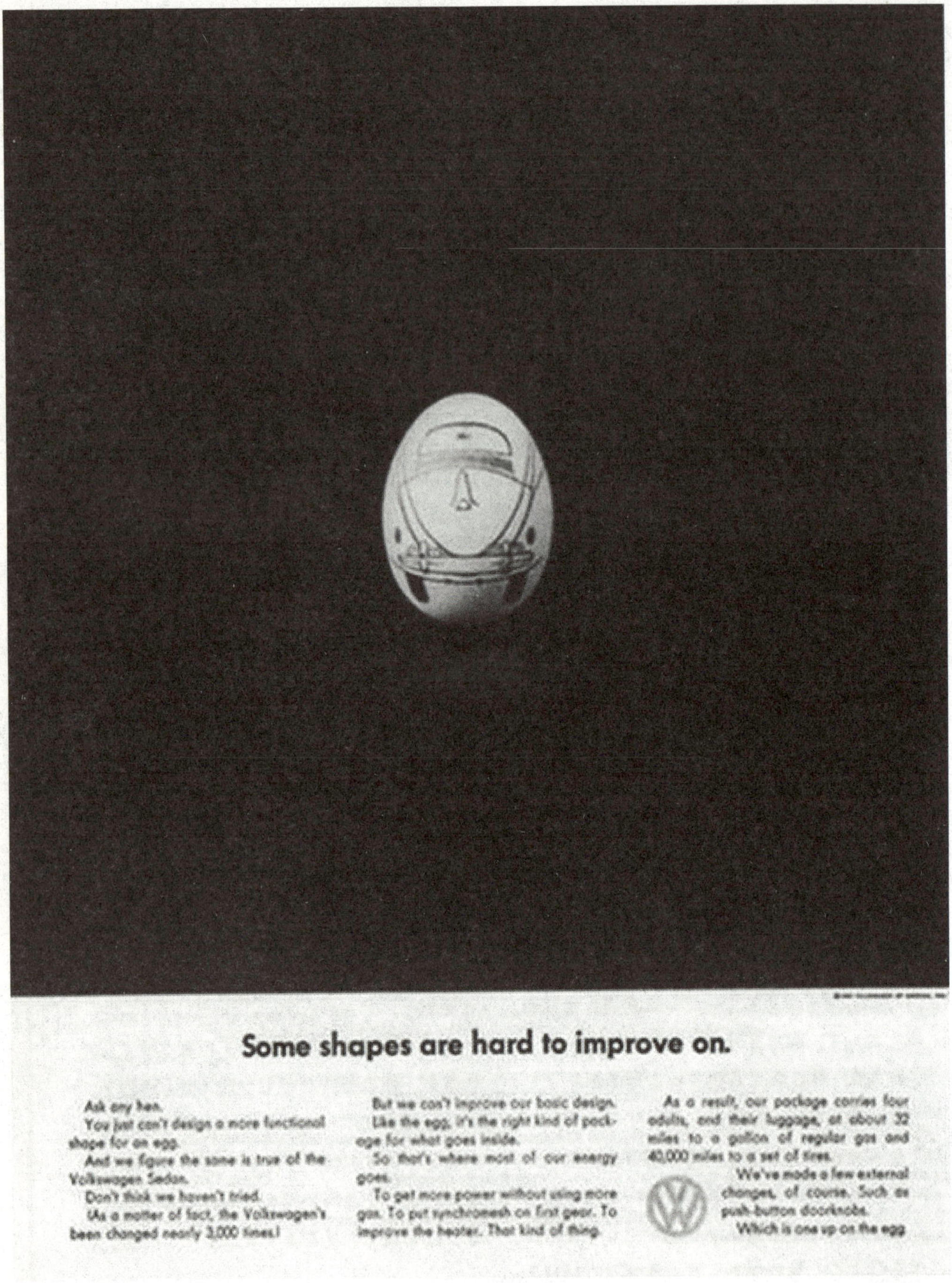

Some shapes are hard to improve on.

Ask any hen.

You just can't design a more functional shape for an egg.

And we figure the same is true of the Volkswagen Sedan.

Don't think we haven't tried.

(As a matter of fact, the Volkswagen's been changed nearly 3,000 times.)

But we can't improve our basic design.

Like the egg, it's the right kind of package for what goes inside.

So that's where most of our energy goes.

To get more power without using more gas. To put synchromesh on first gear. To improve the heater. That kind of thing.

As a result, our package carries four adults, and their luggage, at about 32 miles to a gallon of regular gas and 40,000 miles to a set of tires.

We've made a few external changes, of course. Such as push-button doorknobs.

Which is one up on the egg.

Some shapes are hard to improve on.

Ask any hen.

You just can't design a more functional shape for an egg.

And we figure the same is true of the VW Sedan. Don't think we haven't tried.

(As a matter of fact, the Volkswagen's been changed nearly 3,000 times.)

But we can't improve our basic design.

Like the egg, it's the right kind of package for what goes inside.

So that's where most of our energy goes.

To get more power without using more gas. To put synchromesh on first gear. To improve the heater. That kind of thing.

As a result, our package carries four adults, and their luggage, at about 32 miles to a gallon of regular gas and 40,000 miles to a set of tires.

We've made a few external changes, of course. Such as push-button door-knobs.

Which is one up on the egg.

有些外形很难再改进了

不管跟哪只母鸡聊天，结果都一样：

那就是你根本没办法替鸡蛋设计出更实用的外形了。

这个结论，我们觉得同样适用于 VW。

不是我们没尝试过。（其实 VW 已被改变了几乎三千次。）

而是我们无法改进我们的基本设计。

就像鸡蛋，它的形状设计堪称经典，完美地包容了里面的东西。

所以，我们也将大部分精力用在了改进汽车内部上来：

比如在不增加油耗的基础上增加马力；为挂挡增加了同步器；改进发动机的预热器，等等。

结果是，我们提供的这个完美外形可容下四个大人和他们的行李，可以用 1 加仑汽油跑 32 英里，一组轮胎能跑四万英里。

当然，我们也曾做过一些外形上的改变，例如按钮式自动门把手。

这让我们比鸡蛋还高明了一点点。

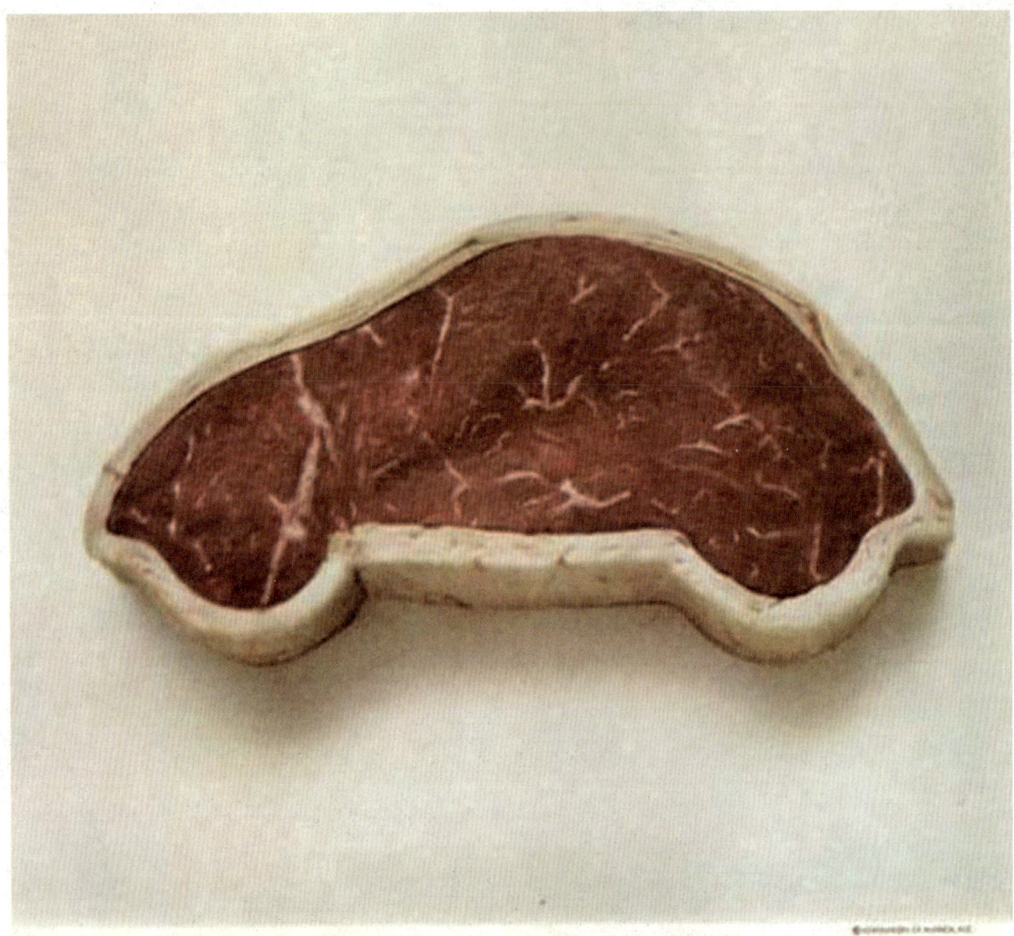

Can you still get prime quality for $1.26 a pound?

A pound of Volkswagen isn't cheap compared to other cars. But what you pay for is the quality. Prime quality.

Just look at what you get for your money:

13 pounds of paint, some of it in places you can't even see. (So you can leave a Volkswagen out overnight and it won't spoil.)

A watertight, airtight, sealed steel bottom that protects against rocks, rain, rust and rot.

Over 1,000 inspections per one Beetle.

1,014 inspectors who are so finicky that they reject parts you could easily ride around with and not even detect there was anything wrong.

Electronic Diagnosis that tells you what's right and wrong with important parts of your car.

A 1600 cc aluminum-magnesium engine that gets 25* miles to a gallon of regular gasoline.

Volkswagen's traditionally high resale value.

Over 22,000 changes and improvements on a car that was well built to begin with.

What with all the care we take in building every single Volkswagen, we'd like to call it a filet mignon of a car. Only one problem. It's too tough.

Few things in life work as well as a Volkswagen.

Can you still get prime quality for $1.26 a pound?

A pound of Volkswagen isn't cheap compared to other cars. But what you pay for is the quality. Prime quality.

Just look at what you get for your money:

13 pounds of paint, some of it in places you can't even see. (So you can leave a Volkswagen out overnight and it won't spoil.)

A watertight, airtight, sealed steel bottom that protects against rocks, rain, rust and rot.

Over 1,000 inspections per one Beetle.

1,014 inspectors who are so finicky that they reject parts you could easily ride around with and not even detect there was anything wrong.

Electronic Diagnosis that tells you what's right and wrong with important parts of your car.

A 1600 cc aluminum-magnesium engine that gets 25* miles to a gallon of regular gasoline.

Volkswagen's traditionally high resale value.

Over 22,000 changes and improvements on a car that was well built to begin with.

What with all the care we take in building every single Volkswagen, we'd like to call it a filet mignon of a car. Only one problem. It's too tough.

Few things in the work as well as Volkswagen.

1.26美元1磅的上等货，现在还有吗？

如果按磅计价的话，VW并不便宜。但不要忘了，你买到的是什么品质的东西。

有时候虽然说人不识货钱识货，我们还是想说说你花的钱究竟买到了什么：

总共13磅的漆，有些甚至是涂在大家看不见的地方。（不管风吹雨打，它也不会锈蚀。）

有一个铜墙铁壁般的密封底盘，它不怕石头、雨水和腐蚀。

每一部甲壳虫都要经过1000多次的检验。

有1014位质检人员，他们简直是鸡蛋里挑骨头，被他们淘汰的零件就算用在车上，也不会出任何毛病。

电子诊断会让你知道重要部位的零件是否有问题。

1600CC的铝镁合金引擎，它能靠着1加仑汽油跑25英里。

如果你要转手，VW的二手车向来很值钱。

在这部本已完美制造的汽车上，我们又做了22000种改变与改良。

在制造过程中，我们对每一部VW都关怀备至，所以我们真想叫它可口的菲力汽车小牛排，只是有一个问题：它太硬了。

以工作质量来论，世界上很少有像VW这么表现良好的东西了。

How does a little bug survive
in the automotive jungle?
Inconspicuously.
It's rarely observed around gas stations. Because it doesn't often need gas. (It gets around 27 miles to a gallon.) It doesn't often need tires. (It gets around 40,000 miles to a set.) And it never goes near the water. (A Volkswagen's engine is cooled by air instead of water, which means it doesn't need anti-freeze either.)
As you can see, the care and feeding of a bug doesn't amount to much. So even though it isn't one of those real wild jungle animals, it makes an ideal house pet.
That explains how 2 little bugs who came to America in 1949 multiplied into 2,000,000.

How does a little bug survive in the automotive jungle?

Inconspicuously.

It's rarely observed around gas stations. Because it doesn't often need gas. (It gets around 27 miles to a gallon.) It doesn't often need tires. (It gets around 40,000miles to a set.) And it never goes near the water. (A Volkswagen's engine is cooled by air instead of water, which means it doesn't need anti-freeze either.)

As you can see, the care and feeding of a bug doesn't amount to much. So even though it isn't one of those real wild jungle animals, it makes an ideal house pet.

That explains how 2 little bugs who came to America in 1949 multiplied into 2,000,000.

一部甲壳虫的汽车丛林生存法则

它学会了隐蔽的生存之道。

它很少出现在加油站附近，因为它不太需要加油。（一加仑汽油可跑 27 英里）

它也不常去汽车修理店，因为它很少换轮胎。（一组轮胎可跑四万英里）

同时，它也不像其他汽车同类那样需要水。（VW 的引擎靠空气而不靠水冷却。这意味着，它也不需要防冻剂）

如你所见，甲壳虫需要的照顾和补给实在不多。因此，尽管算不上真正的森林野兽，它却是理想的家庭小宠物。

现在你应该明白了，1949 年来到美国的两部小甲壳虫，何以能够繁衍成为二百万部。

A VW goes a long way in relieving gas problems—by getting terrific gas mileage.

It also relieves those little headaches—by needing pints of oil instead of quarts. And not needing antifreeze because of its air-cooled engine.

Plus it gets rid of nervous upsets due to owning a new car. With Volkswagen's Owner's Security Blanket, you're provided with the best care any car can have...in sickness and in health.

As a matter of fact, Volkswagen can cure lots of problems that most cars can't.

Maybe you should take two.

See Your Local Authorized Volkswagen Dealer.

If gas pains persist, try Volkswagen.

A VW goes a long way in relieving gas problems —— by getting terrific gas mileage.

It also relieves those little headaches ——by needing pints of oil instead of quarts. And not needing antifreeze because of its air−cooled engine.

Plus it gets rid of nervous upsets due to owning a new car. With Volkswagen's Owner's Security Blanket, you're provided with the best care any car can have...in sickness and in health.

As a matter of fact, Volkswagen can cure lots of problems that most cars can't.

Maybe you should take two.

See Your Local Authorized Volkswagen Dealer.

如果油价高烧不退，可以试试 VW

油价问题确实很让人头痛，但对 VW 来说却不是问题：毕竟它的油耗太低了。

它同时帮你解决了一些别的让人头痛的问题——比如只需要几品脱的机油，而不是几夸脱。再比如，由于采用了空气冷却引擎，从而无需任何防冻剂。

此外，新手们往往会因为刚买了一辆新车而神经紧张，VW 同样是灵丹妙药。有了 VW 车主的安全保证书，你会受到最好的照顾。

事实上，VW 可以治好大部分汽车都束手无策的疑难杂症。

或许，你该买两部。

查看您当地的大众汽车经销商。

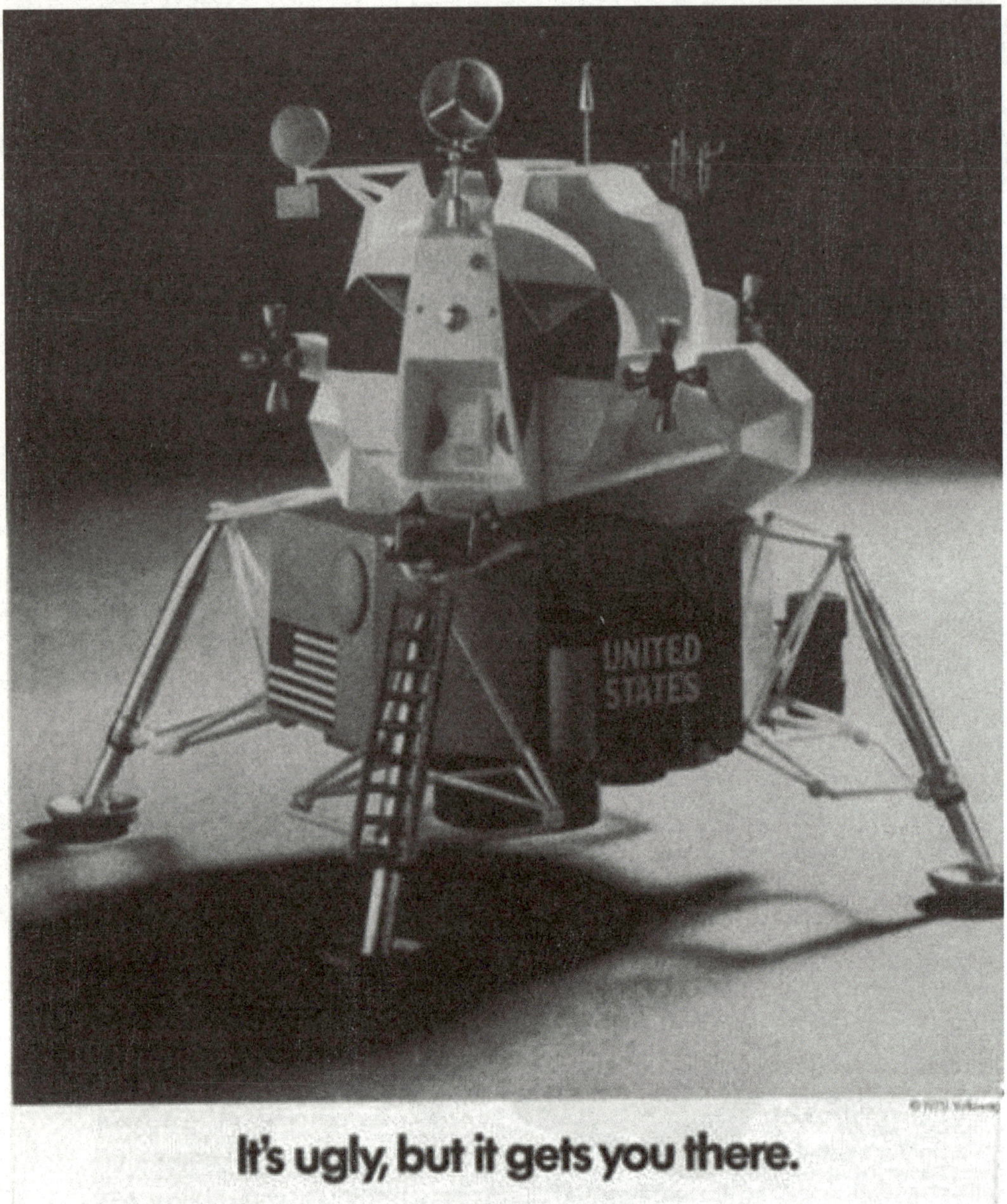

It's ugly, but it gets you there.

It's ugly, but it gets you there.

它很丑，但它能带你到想去的地方